AF328320

DU
MARCHANDAGE

PAR

CH. HENRI-GIGOT

THÈSE POUR LE DOCTORAT

Présentée et soutenue le Mardi 17 février 1903 à 10 heures

Président : M. JAY, *professeur*

Suffragants : { MM. Fernand FAURE, *professeur*
{ PERREAU, *agrégé*

PARIS (5°)

V. GIARD & E. BRIÈRE

LIBRAIRES-ÉDITEURS

16, RUE SOUFFLOT, 16

1903

UNIVERSITÉ DE PARIS. — FACULTÉ DE DROIT

DU
MARCHANDAGE

PAR

CH. HENRI-GIGOT

THÈSE POUR LE DOCTORAT

Présentée et soutenue le Mardi 17 février 1903 à 10 heures

Président : M. JAY, *professeur*

Suffragants : { MM. Fernand FAURE, *professeur*
PERREAU, *agrégé*

PARIS (5e)

V. GIARD & E. BRIÈRE

LIBRAIRES-ÉDITEURS

16, RUE SOUFFLOT, 16

—

1903

DU MARCHANDAGE

INTRODUCTION

On entend par marchandage une convention que nous nous contenterons, quant à présent, de définir par son trait essentiel : une convention de sous-entreprise de main-d'œuvre.

Ce terme désigne encore soit le phénomène économique, soit le mode de travail qui résulte de cette convention.

Le marchandage, qui n'a été l'objet de dispositions particulières dans aucune législation étrangère, a donné lieu, en France, à deux décret et arrêté rendus les 2 et 21 mars 1848, par le gouvernement provisoire de la République, et ainsi conçus :

1° *Décret du 2 mars 1848.*

« Considérant : 1° . . . . . . (2) ;
« 2° Que l'exploitation des ouvriers par les

sous-entrepreneurs ouvriers, dits marchandeurs ou tâcherons, est essentiellement injuste, vexatoire et contraire au principe de la fraternité ;

« Le gouvernement provisoire de la République décrète :

« 1° .   .   .   .   . (2) ;

« 2° L'exploitation des ouvriers par des sous-entrepreneurs ou marchandage est abolie.

« Il est bien entendu que les associations d'ouvriers qui n'ont point pour objet l'exploitation des ouvriers les uns par les autres ne sont pas considérées comme marchandage.

2° *Arrêté du 21 mars 1848.*

« Considérant que le décret du 2 mars, qui détermine la durée du travail effectif et qui supprime l'exploitation de l'ouvrier par voie de marchandage, n'est pas universellement exécuté en ce qui touche à cette dernière disposition ;

« Considérant que les deux dispositions contenues dans le décret précité sont d'une égale importance, et doivent avoir force de loi ;

« Le gouvernement provisoire de la République, tout en réservant la question du travail à la tâche ;

« Arrête :

« Toute exploitation de l'ouvrier par voie de marchandage sera punie d'une amende de cinquante à cent francs pour la première fois ; de cent à deux cents francs en cas de récidive ; et, s'il y avait double récidive, d'un emprisonnement qui pourrait aller de un à six mois. Le produit des amendes sera destiné à secourir les invalides du travail.

Telle est cette législation dont l'étude offre pour nous l'attrait le plus vif et le plus varié.

Au point de vue historique, elle nous conduit à des recherches pleines d'intérêt sur les travaux de la Commission du gouvernement pour les travailleurs instituée après les grandes journées révolutionnaires de 1848, en même temps que sur les débats, si élevés, de l'Assemblée nationale.

Au point de vue juridique, elle nous fait assister, à propos de l'interprétation des décrets, à un conflit de jurisprudence aigu et persistant ; elle nous donne, par surcroît, le spectacle de la Cour de cassation persévérant dans une doctrine erronée, la consacrant en audience solennelle, toutes Chambres réunies, et dans des conditions telles qu'il est permis de se demander si les hauts magistrats n'ont pas obéi à des

préoccupations autres que celles de l'ordre juridique, et s'ils n'ont pas été empêchés d'ac-
cueillir la seule interprétation exacte que méri-
tent les décrets, par la crainte de faire, sous le
rapport économique, œuvre mauvaise.

Au point de vue social enfin, cette étude
nous amène à rechercher ce qu'est en soi et ce
que vaut le marchandage, sous quel aspect il
se présente dans l'industrie, de quels traits il
est marqué, quels sont ses effets, et quelles réformes il appelle.

CHAPITRE PREMIER

Nous nous placerons tout d'abord du point de vue juridique.

Deux théories très nettes ont été opposées l'une à l'autre.

L'une, que nous adoptons avec la plupart des économistes, et qui a été reçue par deux Cours d'appel, considère que les décrets de 1848 ont prohibé d'une façon absolue tout contrat de marchandage, lorsque ce contrat appartient à une espèce particulière déterminée par le législateur.

L'autre, qui est celle de la Cour de cassation, estime que les auteurs des décrets, loin de vouloir prohiber d'une manière absolue le marchandage, ont voulu seulement atteindre et réprimer les abus qui peuvent se produire à l'occasion de ce contrat.

Cette opposition de doctrines s'est affirmée au cours des longues procédures d'une affaire récente qu'il nous faut étudier avec soin, car elle constitue à elle seule toute la jurisprudence pénale du marchandage. Nous devons, en effet, noter avec tous les commentateurs que les décrets de 1848, soit parce qu'ils ne donnaient que des définitions insuffisantes, soit parce que les circonstances sociales étaient inopportunes, demeurèrent pendant plus de cinquante ans sans recevoir d'application.

Le 27 juin 1896, un entrepreneur, M. Loup, traitait avec deux tâcherons : MM. Bœuf et Martin, pour l'exécution des travaux de ravalement de façade d'une maison sise à Paris, rue de Lisbonne. Il fournissait les matériaux nécessaires à ces travaux, les échafaudages, et la convention portait exclusivement sur la main-d'œuvre. Les sous-entrepreneurs avaient le choix des ouvriers qu'ils étaient chargés de rémunérer. Les éléments essentiels du marchandage se trouvaient ainsi réunis dans cette convention.

Pendant deux mois, les mois de juillet et août 1896, les travaux furent exécutés normalement et les ouvriers, payés à la journée, reçurent régulièrement leur salaire des mains des tâcherons. Au mois de septembre, les paiements furent suspendus, et les ouvriers demeurèrent créanciers de la somme de 2.918 fr. 70.

Ils citèrent les marchandeurs et l'entrepre-

neur principal devant le Conseil des prud'-
hommes de Paris pour le bâtiment. Par jugement du 14 octobre, le Conseil condamna soli-
dairement l'entrepreneur principal et les tâcherons au paiement de la somme réclamée.

M. Loup interjeta appel de ce jugement devant le tribunal de commerce de la Seine qui,
se conformant à une jurisprudence constante (1),
le déchargea de la condamnation solidaire [pro-
noncée contre lui, pour ce motif qu'il n'y avait
aucun lien de droit entre l'entrepreneur principal et les ouvriers.

Dans l'intervalle, les tâcherons étaient deve-
nus insolvables : au point de vue civil, tout était
donc terminé.

L'affaire ne devait pas en rester là cependant. Des conseillers avisés rappelèrent aux
ouvriers la législation de 1848. Ceux-ci citèrent
alors, devant le tribunal correctionnel de la
Seine, l'entrepreneur principal et les tâcherons
comme coupables d'avoir enfreint les prohibi-
tions contenues dans les décrets de 1848, et
pour se voir faire l'application des pénalités
prévues par l'arrêté du 21 mars.

Pour la première fois, un tribunal était ainsi

(1) Voir en ce sens les indications fournies et les décisions citées par l'*Office du Travail*. Note annexée au
compte rendu des séances de la 8e session (décembre 1898).

appelé à juger le marchandage du point de vue
pénal, à se prononcer sur l'interprétation des
décrets de 1848, et il appartint au tribunal de la
Seine d'inaugurer cette jurisprudence singulière qui devait recevoir plus tard la consécra-
tion persistante de la Cour de cassation, et
contre laquelle nous nous élevons.

Il décida, d'après des considérants que nous
aurons à examiner, que le seul marchandage
prévu et puni par les décrets de 1848 était le
marchandage conclu dans des conditions abusives et déloyales pour l'ouvrier ; qu'il pouvait
y avoir, par contre, un marchandage honnête
que le législateur avait entendu respecter. Il
concluait, en conséquence, à la nomination
d'un expert, chargé d'examiner et d'apprécier,
sous le rapport de leur bonne foi, les clauses
particulières du contrat déféré au tribunal.

Les ouvriers relevèrent appel de ce jugement. La Chambre des appels correctionnels
adopta entièrement la doctrine des premiers
juges, et confirma leur décision (1). La Cour de
cassation fut alors saisie par les ouvriers. Elle
confirma à son tour la thèse adoptée par les
deux précédentes juridictions sur la question

(1) Jugement du tribunal correctionnel de la Seine du
9 avril 1897. Arrêt de la Cour de Paris du 9 juillet 1897
(Dalloz, 1897, 2, 401).

principale de l'interprétation des décrets et fit sienne la théorie du marchandage distinctif. Mais elle se sépara de ces juridictions sur une question accessoire : celle de savoir en quelle qualité il convenait de poursuivre l'entrepreneur principal et les tâcherons.

. Le tribunal de la Seine et la Cour d'appel avaient considéré l'entrepreneur principal comme le coauteur du délit de marchandage. La Cour de cassation estima qu'on ne pouvait relever à sa charge que des faits de complicité réglés par les articles 59 et 60 du Code pénal. Par un premier arrêt, en date du 4 février 1898 (1), elle infirma de ce chef l'arrêt de la Cour de Paris, et l'affaire revint tout entière devant la Cour d'Orléans saisie comme juridiction de renvoi.

Les décrets de 1848 allaient, pour la première fois, recevoir une interprétation conforme à la vérité historique et juridique.

La Cour d'Orléans se rallia bien, en effet, à la doctrine de la Cour de cassation sur la question accessoire de complicité, en vertu de laquelle elle avait été saisie. Mais elle se sépara délibérément de toutes les juridictions précédentes sur la question essentielle : celle de la

(1) Sirey, 1899, 1, 249.

portée des décrets de 1848. Elle estima que ces décrets prohibaient d'une façon absolue tout contrat de marchandage, et à la date du 11 juillet 1899 (1), elle rendit, sur un réquisitoire fort remarquable de M. le procureur général Georges, l'arrêt ainsi conçu :

« Sur le point de savoir s'il existe plusieurs espèces de marchandages prohibées par le décret de 1848 :

« Attendu que le marchandage consiste dans la convention passée entre un tâcheron ouvrier et des ouvriers qu'il emploie et qu'il paie à l'heure ou à la journée, pour l'exécution des travaux de sous-entreprise ;

« Attendu qu'il n'y a pas d'autre genre de marchandage défendu par le législateur : que cela résulte clairement des travaux préparatoires du décret de 1848 et des termes de ce décret ;

« Attendu, en effet, que le 1ᵉʳ mars 1848, une proclamation annonçait la prochaine solution des questions relatives aux heures de travail et à « l'abolition du marchandage » ; que la commission du Luxembourg se réunit, sans délai, et qu'on lit dans le procès-verbal du même jour le passage suivant : « Sur le marchandage, des

(1) Sirey, 1899, 2, 251.

détails précis sont donnés par divers membres ;
il en résulte que diverses sortes de marchandages sont à distinguer. Il y a les marchandeurs
ou tâcherons qui sous-entreprennent certaines
parties de travaux et les font exécuter à la journée par des ouvriers sous leurs ordres directs.
Ce genre de marchandage est oppressif pour
l'ouvrier. L'abolition en est, non seulement
consentie, mais réclamée par l'assemblée » ;

« Attendu que le même procès-verbal constate que le marchandage qui consiste dans le
travail à la pièce est à conserver ; qu'enfin un
troisième genre de marchandage, qui consiste
dans l'entreprise faite ensemble par plusieurs
ouvriers par association, avec partage des bénéfices, est à conserver et à encourager ;

« Attendu que c'est dans cette situation que
le gouvernement provisoire a déclaré aboli le
marchandage, tel qu'il est défini dans le premier paragraphe du procès-verbal sus-indiqué ;

« Attendu que le décret du 2 mars 1848 est
clair et précis ; que par une disposition qui
n'est pas sujette à interprétation, il abolit le
marchandage tel qu'il vient d'être défini ci-
dessus ;

« Par ces motifs,

« Déclare recevable l'opposition du sieur
Loup contre l'arrêt par défaut du 5 juillet 1898 ;

« Maintient ledit arrêt dans ses dispositions non contraires au présent arrêt ;

« Dit que le décret du 2 mars 1848 prohibe tout marchandage sans distinction et s'applique au marché pur et simple, passé par le sous-entrepreneur ouvrier avec des ouvriers employés et payés par lui à l'heure ou à la journée ;

Quelle que fût l'autorité des arguments produits dans l'arrêt, M. Loup se pourvut en cassation, et la Chambre criminelle fut à nouveau saisie, statuant encore seule, tant à raison de la non-identité de doctrine des deux décisions attaquées des Cours de Paris et d'Orléans, qu'à raison de la contrariété des moyens invoqués dans les pourvois.

Elle persista dans l'interprétation première qu'elle avait adoptée, quant au sens des décrets de 1848, et elle cassa de ce chef l'arrêt de la Cour d'Orléans, en renvoyant l'affaire devant la Cour de Bourges. Nous détachons de son arrêt rendu à la date du 16 février 1900 les passages suivants :

« Attendu que le décret du 2 mars 1848 définit le délit de marchandage « l'exploitation des ouvriers par les sous-entrepreneurs » ;

« Attendu que cette exploitation de l'ouvrier par le sous-entrepreneur ouvrier comporte par sa nature, au sens des décret et arrêté de mars 1848, l'appréciation d'un acte frauduleux aboutissant au profit abusif que le tâcheron tire du travail de l'ouvrier, que cet acte nécessite donc, pour devenir délictueux, la réunion de trois éléments : un fait matériel, une intention de nuire et un préjudice pour l'ouvrier ; qu'ainsi le dol et la fraude sont les éléments substantiels du marchandage réprimé par la loi. »

Loin de se ranger à la thèse deux fois soutenue par la Cour de cassation, la Cour de Bourges se prononça par un arrêt en date du 20 juin 1900 dans le même sens que l'avait fait la Cour d'Orléans.

Un nouveau pourvoi fut formé par l'entrepreneur général. Il appartenait, cette fois, à la Cour de cassation de statuer en audience solennelle, toutes Chambres réunies, et de trancher avec son autorité souveraine ce conflit d'opinions.

Son arrêt est du 31 janvier 1901. Il confirme la théorie admise par la Chambre criminelle et consacre définitivement une doctrine qui nous apparaît comme une des hérésies juridiques les plus certaines qu'on puisse rencontrer en jurisprudence.

Aussi bien, la Cour de cassation, dérogeant en ceci à sa mission, a-t-elle cherché à amender les textes plutôt qu'à les interpréter, et a-t-elle, sans doute, obéi aux suggestions de son rapporteur, M. le conseiller Roulier, qui n'avait pas hésité à déclarer devant elle qu'il ne dissimulait pas ses préférences pour la doctrine de la Chambre criminelle, à ses yeux, « la seule raisonnable, la seule qui, faisant une large part à la protection des intérêts de l'ouvrier, concilie cette tendance équitable des lois nouvelles avec les nécessités économiques et le respect qui s'impose de la liberté des conventions lorsqu'elles sont conclues de bonne foi ».

Nous aurons à rechercher si cette doctrine mérite, au point de vue économique, toute la faveur que lui accorde l'honorable magistrat, et si le marchandage constitue une forme de travail aussi digne d'intérêt qu'on paraît le croire à la Cour de cassation.

Il nous appartient, au préalable, de redresser l'erreur juridique commise par les juges suprêmes, et de faire apparaître la véritable et exclusive interprétation que comportent les décrets de 1848.

Il est utile, pour se rendre un compte exact des préoccupations qui ont guidé leurs auteurs, de se rappeler le caractère particulier que présente la Révolution de 1848. A la différence d'autres mouvements populaires provoqués essentiellement par des raisons d'ordre politique, elle fut surtout une révolution sociale, due à l'état de misère aiguë dans lequel vivait depuis trop longtemps le monde des travailleurs. Il s'agissait moins d'une protestation contre un régime politique ayant accumulé les fautes et apparaissant comme ayant fait son temps, que d'une révolte contre un régime industriel et un ordre social opprimant et tyrannisant la classe ouvrière. La plupart des auteurs lui reconnaissent ce caractère : la Révolution de 1848 fut l'explosion des revendications ouvrières qui, pour n'avoir reçu aucune satisfaction, s'étaient exaspérées, en même temps qu'elle fut la sanction des progrès rapides et imprévus qu'avaient faits en France les doctrines socialistes.

Il est donc naturel que les questions se rattachant à l'organisation du travail et aux réformes ouvrières apparussent, aux yeux de ceux qui avaient dirigé le mouvement insurrectionnel, comme les plus urgentes et les plus importantes à mettre à l'étude. Aussi l'ordre était-il à peine rétabli dans la rue, et le gouvernement provisoire à peine installé, que Louis Blanc réclamait de ses collègues la création d'un ministère du Travail.

Mais cette proposition hardie choquait les tendances moins novatrices de quelques-uns de ses collègues, notamment de Lamartine. Ils la repoussèrent. D'ardentes discussions se produisirent, au cours desquelles Louis Blanc alla jusqu'à menacer de donner sa démission : on se mit d'accord, finalement, pour la création d'une Commission, ayant pour mission spéciale d'étudier les réformes ouvrières et appelée Commission de Gouvernement pour les travailleurs. Le décret qui institue cette Commission date du 28 février 1848 (1). Il est conçu en termes significatifs et qui précisent avec force le caractère social du mouvement révolutionnaire.

« *Considérant que la révolution faite par le peuple doit être faite pour lui ;*

« *Qu'il est temps de mettre un terme aux longues et iniques souffrances des travailleurs ;*

« *Que la question du travail est d'une importance suprême ;*

« *Qu'il n'en est pas de plus haute, de plus digne de préoccupation d'un gouvernement républicain ;*

« *Qu'il appartient surtout à la France d'étu-*

(1) V. sur la Commission du Gouvernement pour les travailleurs : Cahen, *Louis Blanc et la Commission du Luxembourg*, Annales de l'Ecole libre des sciences politiques, 1897. Cité par M. R. Jay, *Le marchandage et le décret du 2 mars 1848*, Revue d'Economie politique, février 1900.

dier ardemment et de résoudre un problème posé aujourd'hui chez toutes les nations industrielles de l'Europe.

« Le Gouvernement provisoire de la République arrête :

« *Une Commission spéciale, qui s'appellera Commission du gouvernement pour les travailleurs, va être nommée avec mission expresse et spéciale de s'occuper de leur sort :*

« *Pour montrer quelle importance le gouvernement attache à la solution de ce grand problème, il nomme président de la Commission un de ses membres, M. Louis Blanc, et pour vice-président un autre de ses membres, M. Albert, ouvrier.*

« *Des ouvriers seront appelés à faire partie de la Commission.*

« *Le siège de la Commission sera au Palais du Luxembourg.* »

Plusieurs questions préoccupaient alors, avant toutes les autres, la classe ouvrière. C'était d'abord la réduction de la journée de travail, puis le développement des associations ouvrières « mesures s'associant pour favoriser l'égalité entre les personnes et l'uniformité des salaires », dit avec raison, dans son réquisitoire, M. le procureur général Georges qui rappelle à cet égard la création, dès 1887, de sociétés ouvrières dont tous les membres avaient des droits égaux, et qui évoque en même temps la haine dans laquelle la classe ouvrière tenait depuis longtemps le marchandage.

Dès la première séance qu'elle tient au Luxembourg, la Commission du gouvernement va donc s'attacher à ces questions et les résoudre.

Le *Moniteur officiel* nous a laissé de cette séance un compte rendu qu'il faut reproduire.

Louis Blanc, qui présidait l'assemblée, débute par une allocution.

« Il montre d'abord la nouveauté et la grandeur de ce spectacle : pour la première fois, dans l'histoire, les ouvriers sont appelés à résoudre avec le gouvernement le grand problème de leur sort et cela dans la salle même de délibérations de l'ancienne aristocratie. Il indique ensuite le but de la Commission, qui est d'étudier toutes les questions relatives au travail, d'en préparer la solution dans un projet soumis à l'Assemblée nationale et provisoirement d'entendre les demandes les plus urgentes des travailleurs et de faire droit à celles qui seront reconnues justes.

« Aussitôt plusieurs ouvriers délégués de corporations diverses montent successivement à la tribune et exposent les vœux des ateliers.

« Parmi les demandes faites au nom de la classe ouvrière, deux sont l'objet d'une insistance particulière de la part de l'assemblée, qui en demande la solution immédiate.

« Ces deux demandes sont les suivantes :

« Réduction des heures de travail ;

« Abolition du *marchandage*, c'est-à-dire de l'exploitation des ouvriers par des sous-entrepreneurs de travaux.

« Mais Louis Blanc observe alors que la Commission n'est pas régulièrement constituée, que les patrons n'ont pas de mandataires ; que, d'autre part, les industries ne sont pas toutes représentées dans l'assemblée, et qu'enfin des groupes nombreux contestent les titres des délégués.

« Il déclare alors qu'il y aurait danger à semer des divisions parmi le peuple par des opérations irrégulières ; qu'il faut, avant tout, déterminer un procédé de convocation qui permette au peuple des ateliers de nommer régulièrement des représentants acceptés de tous. Il annonce qu'une proclamation sera affichée ce but. Il engage, en conséquence, les assistants à se retirer avec ordre et à reprendre

leurs travaux en attendant la solution prochaine
de cette question préalable. »

Mais telle était l'urgence des réformes et la
hâte des ouvriers que ceux-ci ne se rendent pas
à ces sages raisons. Ils déclarent « que les travaux ne reprendront pas tant que les deux
questions les plus pressantes, celle de la
réduction des heures de travail *et de l'abolition
du marchandage*, ne seront pas résolues.

Il faut que Louis Blanc renouvelle ses instances, et adresse un appel énergique à la justice et à la modération de l'Assemblée pour décider celle-ci à se séparer momentanément.

La hâte de tous est telle qu'au sortir même de
la réunion « des citoyens pleins de zèle furent
immédiatement envoyés à cheval par le président de la Commission afin de convoquer
pour le lendemain à une assemblée générale
les patrons représentant les principales industries de Paris.

Le lendemain, à huit heures du matin, une
réunion nombreuse de patrons, chefs d'industrie, a lieu en effet dans une salle du palais.

« M. Louis Blanc expose que la Commission a
voulu entendre et consulter les intérêts divers
afin d'arriver à la justice pour tous. Il fait con

naître les deux demandes indiquées hier comme les plus urgentes, celle de la réduction du nombre des heures de travail et celle de l'abolition du marchandage. Il réclame sur ces deux points les explications des patrons. »

Nous allons voir avec quelle netteté il est parlé du marchandage :

« Sur le marchandage, des détails précis sont donnés par divers membres ; il en résulte que diverses sortes de marchandage sont à distinguer : il y a les marchandeurs ou tâcherons qui sous-entreprennent certaines parties de travaux et les font exécuter à la journée par des ouvriers sous leurs ordres directs. Ce genre de marchandage est oppressif pour l'ouvrier, l'abolition en est non seulement consentie, *mais réclamée par l'assemblée*. Il y a ensuite le marchandage habituel qui consiste dans le travail à la pièce ou piéçard. Ce genre de travail est avantageux à l'ouvrier comme au patron, car à l'un il assure un bénéfice proportionné à son activité et à l'autre une livraison plus rapide. Le piéçard est à conserver. Il y a enfin un troisième genre de marchandage qui consiste dans l'entreprise faite ensemble par plusieurs ouvriers par association, avec partage des bénéfices dépassant le salaire de la journée de chacun, partage fait au prorata du taux de la journée de chaque associé. C'est là un genre d'association utile à conserver, à encourager (1). »

Il y a ainsi, à ce moment, une entente parfaite entre les patrons et les ouvriers. Aussi, sans plus tarder, et le jour même, 2 mars 1848, le gouvernement provisoire rend le premier décret de proscription du marchandage.

Ce décret ne donnait cependant pas aux ouvriers toutes les garanties sur lesquelles ils avaient le droit de compter. Il manquait de toute sanction, et bientôt un grand nombre de patrons, revenant sur l'adhésion qu'ils lui avaient donnée, commencèrent à l'enfreindre. Des protestations s'élevèrent aussitôt contre cette violation de la loi, et le 9 mars la Commission fait afficher l'avis suivant :

« Informés que certains patrons élèvent des difficultés sur l'exécution du décret du 2 mars... *qui a aboli le marchandage*, le président et le vice-président de la Commission du gouvernement pour les travailleurs, rappellent que la stricte et légale exécution des mesures arrêtées par le gouvernement provisoire est une affaire de salut public, et qu'il y sera pourvu avec fermeté. »

(1) *Moniteur Universel*, janvier à mai 1848, p. 330.

L'avertissement n'est pas entendu, et le marchandage continue à être pratiqué. La Commission se décide alors à prendre les mesures qui auraient dû logiquement suivre le décret du 2 mars. Elle marque de sanctions pénales la prohibition du marchandage ; c'est l'objet de l'arrêté du 21 mars 1848.

Tels sont les textes législatifs. Ils sont pour nous d'une netteté parfaite ; ils ne peuvent donner lieu à aucune interprétation ambiguë, et ne comportent aucune autre signification que celle que nous leur avons donnée : prohibition absolue d'un certain contrat de marchandage, contrat appartenant à la première espèce et défini d'un commun accord par les patrons et les ouvriers réunis.

La Commission du gouvernement, dira le tribunal de la Seine, a établi des distinctions. Oui, sans doute. Mais quelles distinctions ? S'agit-il, comme le veulent les adversaires de notre doctrine, d'une distinction, *à l'intérieur d'une même convention*, entre un marchandage qui, pratiqué dans des conditions abusives pour l'ouvrier et malhonnêtes, serait illicite, et un marchandage qui, s'exerçant dans des conditions normales, resterait au contraire une opération permise par le législateur de 1848 ?

Nous nous demandons où ce parallèle a jamais été fait, soit dans le texte des décrets, soit dans la discussion préparatoire.

Qu'a-t-on distingué à l'Assemblée du Luxembourg? On a distingué, et nous reprenons ici les expressions mêmes du *Moniteur*, entre *diverses sortes de marchandage*, c'est-à-dire entre plusieurs *variétés particulières* du contrat général de sous-entreprise.

Certaines sont légitimes, et même utiles à conserver. Telles sont le travail à la pièce, et l'association avec partage des bénéfices. Une autre consiste en ce que des tâcherons sous-entreprennent certaines parties de travaux et les font exécuter à la journée, sous leurs ordres directs. Celle-ci est nuisible (nous verrons, plus tard, combien, au point de vue économique, cela est exact); c'est cette variété particulière de la sous-entreprise qui est abolie, et abolie sans réserve. Quoi de plus clair?

M. le conseiller Cotelle a exprimé, devant la Cour de cassation, cette idée qu'une différence doit être établie entre les deux actes législatifs; que les juridictions répressives n'ont à consulter que l'arrêté du 21 mars, et qu'au point de vue pénal, il importe peu que des visées plus larges aient pu être ainsi accusées par le décret du 2 mars, dont l'objet purement civil était différent de celui de l'arrêté pénal qui s'y est ajouté le 21.

Il y a là, selon nous, une erreur. L'arrêté du 21 mars nous apparaît comme une sanction exacte, tant dans son objet que dans ses limites, du décret du 2 mars : dans son objet, comme frappant toute opération appartenant à l'espèce particulière de marchandage interdite par le décret ; dans ses limites, comme spécifiant expressément que les autres variétés de marchandage ne tombaient pas sous le coup de la loi.

Telle est, d'ailleurs, l'opinion formelle d'un autre conseiller rapporteur, M. Roulier, qui, tout en adoptant la thèse générale que nous combattons, est, sur ce point particulier, en opposition avec son collègue :

« En premier lieu, écrit-il, il ne convient pas d'opposer les termes de l'arrêté du 21 mars à ceux du décret du 2 mars, en prétendant que l'arrêté du 21 est d'une application plus large que le décret... Ainsi que nous l'avons précédemment exposé, il résulte des travaux de la Commission de gouvernement pour les travailleurs que l'arrêté n'a pas eu d'autre but que de donner au décret la sanction pénale qui lui manquait. »

Il suit de là que M. Cotelle tire une conclusion erronée lorsqu'il écrit :

« Vous reconnaîtrez donc, sans doute, que, si étendue que puisse paraître l'interdiction du marchandage en vertu du décret du 2 mars, il

n'existe, entre ce décret et l'arrêté consécutif du
21, aucun lien nécessaire, aucun enchaînement
logique qui fasse dépendre du sens attribué au
premier de ces documents la portée de l'incri-
mination *édictée par le second, contre le marchandage, dans le seul cas où, par cette voie, le
tâcheron abuse des besoins de l'ouvrier pour obtenir son travail à trop bas prix.* »

Nous sommes en mesure également de juger
combien est arbitraire et fantaisiste le système
du tribunal de la Seine, système qui est la base
de toute la jurisprudence que nous combattons :

« Attendu, s'écrie-t-il, que si le mot « exploitation », quand il s'applique aux choses, veut
dire faire valoir, tirer le produit, et, par exten-
sion, tirer profit, il est toujours pris en un sens
défavorable et revêt le caractère d'un abus lorsqu'on l'applique aux personnes ;

« Attendu que l'exploitation de l'ouvrier si-
gnifie profit déloyal, excessif, que l'on poursuit
par tous les moyens, notamment par l'avilissement des salaires ;

. « Attendu qu'en employant les mots « exploitation de l'ouvrier par voie de marchandage »,
les auteurs du décret de 1848 ont eu en vue
de prohiber le trafic déloyal qui *peut* se pro-

duire dans le marchandage, d'atteindre et de punir la collusion entre l'entrepreneur et le sous-traitant ou tout acte dolosif de l'un ou de l'autre dont le but serait d'entraîner une réduction exagérée du prix du travail et d'exposer les ouvriers aux dangers de l'infidélité ou de l'insolvabilité du marchandeur dans le règlement de leur paye ;

« Mais, attendu que cette exploitation ne saurait résulter nécessairement du fait du marchandage lui-même..... »

N'est-ce pas là se payer d'équivoque et jouer sur les mots ? Non, le législateur de 1848 n'a pas en vue de prohiber le trafic déloyal *qui peut se produire* sous le nom de marchandage. Il prohibe le trafic déloyal *qui se produit nécessairement*, selon lui, sous ce nom, et dans un contrat spécial bien déterminé par lui. Il y a dans l'esprit du législateur une synonymie absolue entre l'idée de trafic déloyal, et celle du marchandage particulier qu'il a défini et frappé.

Aussi bien, cette synonymie se traduit-elle, dans le décret du 2 mars, d'une façon matérielle et grammaticale par l'emploi de la conjonction *ou,* placée dans l'arrêté entre les expressions *exploitation de l'ouvrier* et *marchandage,* conjonction qui marque leur équivalence.

L'interprétation, au point de vue grammatical et logique, est ici si forte que M. le procureur général Laferrière a été impuissant à la réfuter.

Il prétend bien que cette présomption légale d'exploitation, que l'on renferme dans le mot marchandage, est loin d'être, en fait, justifiée, que l'équivalence des deux termes n'est pas démontrée au point de vue économique ; mais il ne prouve pas, ce qui est l'essentiel pour l'interprétation du texte, qu'il n'y ait pas équivalence, grammaticale et logique, dans la lettre et dans l'esprit de l'arrêté.

Ajoutons enfin que si le plus léger doute subsistait sur l'interprétation de ce membre de phrase, il serait immédiatement dissipé par la phrase suivante qui marque, comme nous le disions plus haut, les limites de la prohibition et indique quel genre particulier de marchandage est exclusivement frappé.

Il est bien entendu que les associations d'ouvriers n'ayant pas pour objet l'exploitation des ouvriers les uns par les autres ne sont pas considérées comme marchandage.

Nous pourrions, à la rigueur, nous en tenir à ces explications qui sont décisives, et qui, en nous renseignant exactement sur la portée de la législation de 1848, condamnent l'interprétation souveraine qu'en a donnée la Cour de cassation.

Poursuivons cependant notre examen, et voyons comment, dans la suite, le gouvernement eut à revenir sur cette question. Aussi bien ce supplément d'étude n'est-il point superflu, puisque le tribunal de la Seine s'est appuyé sur certains incidents qui se produisirent au mois de septembre 1848, dans l'Assemblée législative, et dans lesquels il a vu une justification de son interprétation des décrets. Nous allons voir à l'analyse que, loin d'être profitables à la thèse du tribunal, ces incidents la condamnent, et sont pour notre doctrine autant d'arguments nouveaux.

La question du marchandage avait été résolue dans le décret du 2 mai 1848, accessoirement à celle de la réduction et de la limitation de la journée de travail. Le décret était, en effet, ainsi conçu dans sa première partie.

« Au nom du Peuple français,

« Sur le rapport de la Commission du gouvernement pour les travailleurs, considérant :

« 1° Qu'un travail manuel trop prolongé, non seulement ruine la santé du travailleur, mais encore, en l'empêchant de cultiver son intelligence, porte atteinte à la dignité de l'homme ;

« Le Gouvernement provisoire de la République

« Décrète :

« 1° *La journée de travail est diminuée d'une heure. En conséquence, à Paris, où elle était de onze heures, elle est réduite à dix ; et, en province, où elle était jusqu'ici de douze heures, elle est réduite à onze.* »

A la fin du mois d'août 1848, la Commission du travail proposa à l'Assemblée nationale, sur les demandes renouvelées de certains patrons, de revenir sur le décret du 2 mars, et de l'abolir intégralement. Un 1ᵉʳ projet était rédigé en ce sens : il abrogeait le décret en ses 2 parties.

La question vint en discussion à la séance du 30 août 1848. Le député Pierre Leroux parla le premier et prononça, pour défendre le décret, un long discours, mais en ne traitant que la question des heures de travail, et sans aborder celle du marchandage. Il fut suivi à la tribune par M. Buffet, délégué pour soutenir les conclusions de la Commission. Celui-ci demanda tout d'abord à l'Assemblée l'abrogation du dé-

cret du 2 mars avant la réduction des heures de
travail, puis il passa au marchandage dont il
réclama, non pas la suppression mais le réta-
blissement, et en des termes qu'il faut connaître,
car ils montrent bien que M. Buffet, comme tout
le monde à cette époque, considérait le marchandage comme prohibé ; il en parle, en effet,
à l'imparfait, comme d'une forme de travail
abolie et dont la restauration serait désirable.

« Je ne dirai que quelques mots sur la
deuxième partie du décret relative à l'abolition du
marchandage. J'avoue que cette deuxième partie
du décret me paraît encore plus critiquable que
la première. On a dit qu'il y avait eu des abus
dans le marchandage. Je ne nie pas les abus,
car il y a des abus dans toutes choses, mais je
soutiens qu'il n'y a pas une seule des objections
qui ont été faites contre le marchandage qu'on
ne puisse reproduire avec la même force contre
l'entreprise elle-même : et l'abolition du marchandage devrait conduire à l'abolition de l'entreprise en première ligne elle-même. Eh bien !
Je ne pense pas que personne veuille aller sé-
rieusement jusque-là. Par cela seul que le
marchandage *existait*, il me paraît évident
qu'il était utile. J'ajoute qu'il y *avait* pour les
ouvriers une raison toute particulière de maintenir le marchandage ; c'est qu'il *était* un éche-

lon intermédiaire qui les aidait à monter de la simple situation d'ouvrier à celle d'entrepreneur... C'est la haine spéciale que les ouvriers les moins dignes, les moins laborieux, *avaient* contre les marchandeurs et contre leurs camarades plus capables et plus intelligents qui a fait demander la suppression du marchandage. Eh bien, *je crois qu'on n'aurait pas dû céder*. Je crois donc que les deux parties du décret du 2 mars sont également mal motivées, et pour ma part je voterai leur *abrogation.* » (*Moniteur universel*, 31 août 1848, page 2237).

C'est à la suite de ce discours, et pour empêcher que l'Assemblée revînt sur la suppression du marchandage, que le député Guérin présenta l'amendement qu'a relevé, pour en tirer des déductions inexactes, le tribunal de la Seine et qui était ainsi conçu :

Il demeure interdit aux entrepreneurs d'employer des sous-traitants. Ils devront traiter directement avec les ouvriers pour l'exécution des travaux soit à la journée, soit à prix courant.

Cet amendement, on le voit, présentait alors pour les adversaires du marchandage la plus grande utilité, puisque, à ce moment, le décret du 2 mars était menacé dans toutes ses dispositions. L'amendement Guérin faisait donc échec au projet de la Commission, dans la mesure où celui-ci, en abrogeant le décret de mars, avait pour effet de rendre la vie légale au marchandage.

On peut, à cette occasion, apprécier l'erreur commise par M. Brouchot lorsqu'il disait, dans le réquisitoire prononcé par lui devant le tribunal correctionnel de la Seine :

A l'Assemblée nationale 2 partis étaient en présence : l'un qui voulait abolir purement et simplement le marchandage ; l'autre qui réclamait la faculté d'agir librement de ce contrat.

... Dans tous les cas, si les décrets de mars avaient interdit le contrat même de sous-entreprise, cinq mois plus tard, la question d'abolition de marchandage ne se fut pas posée, ayant été résolue.

En réalité, la situation n'était pas du tout celle qu'indique l'honorable substitut. Des deux partis en présence, le 1er réclamait, par l'organe de son représentant, le député Guérin, le maintien de l'abolition du marchandage, le 2°, par l'abrogation intégrale du décret du 2 mars, voulait la restauration du marchandage.

Ce n'était donc pas l'abolition de ce contrat qui était en question à l'Assemblée nationale, mais au contraire sa résurrection.

M. Trouard-Riolle a soutenu d'autre part, devant la Cour de Paris, que, pour avoir satisfaction, M. Guérin « n'avait qu'à s'opposer à l'abrogation du décret » et que s'il formulait un amendement c'était *pour obtenir quelque chose de plus que ce qui est dit dans la loi.*

Le texte même de l'amendement proteste contre cete proposition. Sa rédaction porte : *Il demeure interdit,* ce qui indique bien qu'il n'ajoute rien à ce qui était contenu dans le décret du 2 mars, et ne vise qu'à la confirmation pure et simple de l'état de choses préexistant, c'est-à-dire de la prohibition du marchandage.

Nous allons voir maintenant à la suite de quelles circonstances l'amendement perdit son objet, et comment son auteur fut amené à le retirer.

Le débat général avait été renvoyé, le 30 août, à la séance du lendemain.

On ne discuta, le 31 août, que sur la réduction des heures de travail, et la question du marchandage fut laissée de côté. Mais différents amendements ayant été formulés et renvoyés à la Commission du travail, celle-ci élabora alors un nouveau texte, amendé et limité cette fois dans un article premier et unique à la réglementation de la journée de travail. Il laissait intact, par conséquent, le décret de mars dans ses dispositions relatives à la suppression du marchandage. C'est là le fait important qui nous donne la clef

des confusions commises à l'égard des incidents
de septembre.

Il apparaît, en effet, qu'en présence de ce
nouveau texte de la Commission, qui mainte-
nait la disposition prohibitive du marchandage
contenue dans le décret du 2 mars, l'amendement Guérin devenait sans objet.

Dès lors, quand, à la séance du 9 septembre,
les débats n'étant pas encore épuisés, la parole
fut donnée au député pour développer sa proposition, il expliqua qu'elle n'avait plus sa raison d'être et il retira son amendement dans les
termes suivants :

Le Président : « J'appelle l'attention de l'Assemblée sur la question dont elle va être saisie
par l'amendement de M. Guérin. Voici cet
amendement : « Il demeure interdit aux entrepreneurs d'employer des sous-traitants. Ils devront traiter directement avec les ouvriers pour
l'exécution des travaux, soit à la journée, soit à
prix convenu. »

M. Guérin : « Je ne veux pas aborder la
question. (*Bruit.*)

Le Président : « L'article a une telle importance qu'il n'est pas possible qu'on le discute
au milieu de tout ce bruit. Attendez le silence ;
je le réclame instamment.

M. Guérin : « L'amendement a été présenté
au moment où a été présenté le premier projet
de décret qui abolissait intégralement le décret
du 2 mars. La nouvelle rédaction ne se présente
plus dans les mêmes termes. L'article 1, qui a
été renvoyé à la fin de la discussion, n'abroge
le décret du 2 mars que dans la première partie.
Je retire donc mon amendement et je me réserve
de prendre la parole dans la question du marchandage qui se présentera à l'article 2. »

Le Président : « Je vous inscris ». (*Moniteur
universel,* p. 2382.)

Enfin, un peu plus tard, un autre incident se
produisit dans cette même séance du 9 septembre qui nous fera apparaître plus clairement
encore, s'il est possible, la volonté qu'avait
l'Assemblée de ne point revenir sur l'œuvre accomplie par le Gouvernement provisoire —
quant au marchandage du moins.

Un partisan du marchandage, le député Four-
neyron, peu satisfait de voir le débat ajourné
sine die, voulut tenter un dernier effort pour ré-
tablir indirectement le contrat interdit. Il présenta pour cela à l'Assemblée un amendement
analogue au premier projet de la Commission
et tendant à l'abrogation intégrale du décret du
2 mars. Or, la question préalable fut demandée

et adoptée pour cette proposition qui fut ainsi rejetée de cette façon sommaire.

D'autre part, à ce moment même, le député Guérin, désireux sans doute de ne pas laisser l'Assemblée sous l'impression dés critiques violentes élevées par M. Buffet contre la suppression du marchandage, voulut répondre de la tribune à ces critiques et justifier de ce chef le décret du 2 mars. Mais une partie de l'Assemblée et le rapporteur lui-même l'en empêchèrent, alléguant précisément que la question était hors de cause.

M. Guérin : « Citoyens représentants, il est impossible qu'on ne vienne pas répondre, à cette tribune, aux arguments présentés par l'honorable M. Buffet pour le *maintien* du marchandage.

Plusieurs voix : « C'est réservé.

Le Rapporteur : « Cette question n'est pas à l'ordre du jour ; elle est réservée.

M. Guérin : « S'il est bien convenu que cette question est réservée, je quitte la tribune.

M. Dupuis (de la Nièvre) : « Non seulement c'est entendu, mais c'est dit.

M. Pascal Duprat, rapporteur : « Je ne pourrai que vous répéter les termes mêmes de la rédaction qui vous est proposée ; il résulte évidem-

ment des termes de cette rédaction que la question du marchandage, question très grave et
très compliquée, est réservée, et que l'Assemblée plus tard, sur une autre proposition, si on
vient la produire ici, aura à résoudre cette question importante. » (*Moniteur universel*, p. 2382.)

La réserve n'ayant jamais été vidée législati-
vement, il s'ensuit, non pas comme l'a soutenu
M. Cotelle, « que l'interprétation judiciaire a le
champ libre », mais bien que les seuls textes
positifs devant lesquels nous nous trouvions en
présence encore aujourd'hui sont les décret et
arrêté du 2 et 21 mars 1848.

Ces textes conservent force de loi, et nous ne
ferons que résumer brièvement la question de
savoir s'ils n'auraient pas été abrogés, au moins
implicitement, par des lois postérieures plus
générales.

L'origine de la controverse semble bien être,
dans un discours prononcé devant le Sénat par
M. Trarieux, à la date du 12 mars 1889 (1).

L'honorable sénateur se fonde sur l'article 13,
aux termes duquel la Constitution de 1848 garantit aux citoyens la liberté du travail et de
l'industrie. Il infère de cet article qu'il abroge,
au moins implicitement, toutes les dispositions

____

(1) *Journal officiel*, 12 mars 1889.

de loi antérieures pouvant atteindre la liberté du travail, telles que le décret du 2 mars.

Des réponses décisives ont été faites à ce système.

M. le procureur général Laferrière a tout d'abord observé que ce raisonnement aboutirait à considérer le décret du 2 mars non pas comme abrogé implicitement, mais plutôt comme *inconstitutionnel*. En effet, dit-il, l'article 13 de la Constitution de 1848 n'est pas le premier texte qui ait proclamé la liberté du travail ; il n'a pas créé ce principe, il le rappelle seulement, car il existait depuis l'origine de notre Révolution, dequis la création de notre droit public. Le décret de 1848 aurait donc été inconstitutionnel dès le début, et, plus explicitement encore, le jour où le principe de la liberté du travail a été, de nouveau, rappelé par la Constitution de 1848.

Or, ajoute l'éminent magistrat, c'est une question délicate de savoir dans quelle mesure, dans notre pays, il appartient au juge de contrôler la loi à l'aide la Constitution. On y professe plutôt cette doctrine que les principes constitutionnels s'adressent au législateur, qu'ils lui indiquent des directions à suivre, et que, s'il ne les suit pas, ce n'est pas aux tribunaux qu'il appartient de redresser son œuvre.

Il faut noter, d'autre part, avec M. Trouard-Riolle et M. le procureur général Georgè, que si l'art. 13 garantit bien aux citoyens la liberté du travail, c'est sous la réserve implicite que cette liberté aura pour limites les mesures restrictives suggérées à l'Etat par l'ordre public et l'intérêt général. Or, en mars 1848, l'Etat réglementait une question de travail. C'était son droit, et les décrets de mars 1848 ne sont pas inconciliables avec la constitution de novembre.

Enfin, M. le conseiller Roulier remarque avec raison qu'il suffit de lire la discussion qui s'est engagée devant l'Assemblée Constituante au sujet de cet art. 13, pour s'assurer que les membres de cette Assemblée ne songeaient nullement à abroger le décret sur le marchandage, qu'ils y pensaient d'autant moins qu'à une époque concomitante à celle du vote de l'art. 13, ils exprimaient, au contraire, dans les termes les plus formels, leur volonté de maintenir les décret et arrêté de mars 1848.

Nous ne nous étendrons pas davantage sur la discussion de cette question qui ne présente plus qu'un intérêt théorique, puisque, en fait, toutes les décisions judiciaires ont consacré le principe de la validité des décrets, et jugé qu'ils conservent encore aujourd'hui force de loi, la jurisprudence n'admettant pas l'abrogation par simplé désuétude.

Il ne nous reste plus maintenant qu'à examiner rapidement deux questions juridiques accessoires. La première, qui est le corollaire de la question principale de l'interprétation des décrets, est celle de savoir quel est, au point de vue pénal, le caractère de l'infraction à l'arrêté du 21 mars.

Constitue-t-elle un délit ordinaire, exigeant le concours des trois éléments normaux : le fait matériel, le préjudice causé, et l'intention de nuire ? Constitue-t-elle, au contraire, un délit contraventionnel, c'est-à-dire un délit existant par le seul fait que les dispositions de la loi ont été transgressées, et sans que l'intention de nuire apparaisse spécialement ?

Comme il était aisé de le prévoir, la jurisprudence est encore divisée sur ce point, et les deux partis de la doctrine l'ont tranchée différemment, selon l'interprétation que chacun d'eux avait donnée aux décrets eux-mêmes.

La Cour de cassation a considéré que le délit de marchandage pouvait être classé dans la catégorie des délits contraventionnels.

Estimant — et nous reprenons ici les termes mêmes de son arrêt — « que l'exploitation des ouvriers comportait par sa nature, *au sens*

*des décrets et arrêté de mars 1848, l'apprécia-
tion d'un acte frauduleux* aboutissant à un profit abusif par le tâcheron du travail de l'ouvrier », elle en a tiré, tout naturellement, cette
conséquence que le contrat nécessite, pour devenir délictueux, en dehors d'une transgression
matérielle du texte de la loi, un préjudice causé
et une intention de nuire, qu'ainsi le « dol et la
fraude sont les éléments substantiels du marchandage réprimé ».

La Cour d'Orléans et la Cour de Bourges,
pensant au contraire que les décrets de mars 1848
interdisaient d'une façon absolue tout fait de
marchandage, ont conclu, de leur côté, que le
délit était contraventionnel, c'est-à-dire existant
par la seule infraction matérielle aux décrets, et
abstraction faite de tout élément intentionnel.
C'est à cette dernière solution que nous nous
rallions, comme étant la seule qui soit conforme
au droit et susceptible d'une application pratique.

Au point de vue juridique, en effet, elle dé-
coule nécessairement de l'interprétation que
nous avons donnée aux décrets, et qui nous est
apparue comme la seule exacte.

On ne voit guère comment un contrat particulier de marchandage, appartenant à l'espèce
visée par la loi, pourrait échapper à la prohibi-

tion absolue édictée par le décret du 2 mars, et rester impuni sous ce prétexte qu'il ne serait pas entaché de dol.

Le dol est l'essence même d'un certain contrat de marchandage : telles sont les prémisses posées par les auteurs des décrets. Il suffit, par conséquent, que ce contrat se produise pour qu'il y ait, quelles que soient ses conditions particulières, violation de la loi et, par suite, nécessité d'appliquer l'arrêté du 21 mars.

Qu'on ne vienne pas objecter à l'encontre de ce système les principes généraux du droit pénal, d'après lesquels toute infraction punie de peines correctionnelles est un délit, et d'après lesquels tout délit se caractérise par la réunion des trois éléments que nous avons mentionnés.

Nous répondrons avec la doctrine (1) qu'il existe toute une catégorie de faits frappés de peines correctionnelles pour lesquels la culpabilité spéciale, fondée sur la méchanceté ou la fraude, n'est point nécessaire, mais que suffit à rendre délictueux la culpabilité générale, culpabilité caractérisée et constituée par la seule conscience que l'agent possède du caractère illégal de son acte.

(1) Voir Garraud, *Traité de droit criminel*, tome I, p. 135.

Qu'on ne vienne pas dire non plus, comme l'a fait la Cour de cassation, dans son arrêt du 4 février 1898 que les principes généraux relatifs aux délits gouvernent les matières spéciales, à moins d'une dérogation expresse de la loi.

L'arrêt lui-même nous fournit une réponse à cette objection.

« Attendu que ce principe ne souffre exception que dans les cas où la loi en a autrement ordonné ou, lorsque, *par la nature des choses*, le fait rentre nécessairement dans la classe des délits matériels... »

Eh bien, nous ne soutenons pas autre chose ; et nous répétons avec la Cour que le délit de marchandage rentre nécessairement, *et par la nature des choses*, dans la classe des délits matériels, puisque, d'une part, la loi a interdit *d'une façon absolue* tout fait de marchandage, et que, d'autre part, les décrets de 1848 enferment, dans la définition qu'ils donnent du marchandage, une présomption de dol et d'exploitation abusive de l'ouvrier.

Au point de vue pratique, notre doctrine présente encore tous les avantages. Son application serait aussi aisée que possible. Dès qu'un contrat de marchandage serait déféré au tribunal correctionnel, les juges devraient simplement considérer s'il répond à la définition donnée par le législateur de 1848 — définition que la jurisprudence aurait d'ailleurs, comme nous le verrons, à étendre et à compléter avec précision.

Cette besogne d'identification une fois accomplie, il ne leur resterait plus qu'à appliquer les pénalités prévues par l'arrêté.

La doctrine de la Cour de cassation aboutit au contraire à des difficultés pratiques considérables.

Elle oblige, tout d'abord, nous l'avons vu, l'ouvrier à faire la preuve de l'intention frauduleuse du patron et du tâcheron. Or, on conçoit combien il sera facile pour ceux-ci de se défendre de toute intention frauduleuse. Ainsi que le remarquait M, Millerand devant le Conseil supérieur du travail, « l'un ou l'autre dira qu'il croyait accorder une rémunération suffisante du travail, que même il avait pu penser qu'il était un bienfaiteur, en ce sens que, sans lui, des ouvriers seraient restés sans travail, et qu'il a eu l'intention de les servir en se servant lui-même (1) ».

M. Portailler exprimait la même pensée, disant (2) : « Eh bien, s'il faut prouver l'intention de nuire, jamais le marchandage ne sera puni,

(1) *Cons. Sup. du Travail*, 8ᵉ session. Voir compterendu, page 21.

(2) *Id.*, page 14.

car jamais un marchandage n'a l'intention de nuire. Il ne se préoccupe que d'une chose : gagner de l'argent. Il nuira, mais sans en avoir l'intention ; ce n'est pas pour nuire qu'il fait le métier de marchandeur ».

D'où résultera d'ailleurs pour le tribunal la preuve de l'intention frauduleuse du patron ou du tâcheron ?

Elle résultera principalement d'un élément matériel ; l'avilissement des salaires. Mais quel sera le critère auquel se rapporteront les juges pour apprécier si le salaire est ou non avili ?

M. le Conseiller Cotelle dit « qu'à Paris ce point est fixé par le document qu'on appelle la série des prix de la ville, qu'en province même un règlement d'administration publique, du 11 août 1899, suppose l'existence d'un taux couramment appliqué auquel les entrepreneurs des travaux de l'Etat sont désormais tenus de se conformer ». Et il ajoute « qu'on ne voit pas dès lors quel embarras particulier l'autorité judiciaire éprouverait, sauf, du reste, à s'éclairer comme entendait le faire la Cour de Paris par un expertise pour vider la question d'exploitation abusive ».

Nous pensons, quant à nous, que la tâche ne serait pas aussi simple que veut bien le dire l'honorable magistrat. Le taux normal des salaires varie non seulement selon les lieux, mais encore selon les circonstances. Le même salaire peut, dans la même profession, être, selon l'époque, un salaire normal ou notoirement avili.

D'autre part, et surtout, si le tribunal est obligé de recourir à une expertise (et elle sera nécessaire dans presque tous les cas) il entraînera les parties dans une procédure singulièrement délicate : le texte même de la mission donnée à l'expert dans l'affaire Loup par le tribunal correctionnel de la Seine en est la preuve. Il est conçu en termes d'une grande complexité :

« Le Tribunal, par ces motifs :

« Nomme Camus, architecte, à l'effet de rechercher, serment préalablement prêté, si Loup, entrepreneur général, a pu, de bonne foi, imposer à forfait l'exécution des travaux de ravalement de la rue de Lisbonne pour 9.500 fr. ; si Martin, le tâcheron, a pu, sans exposer les ouvriers qu'il embauchait à des salaires avilis ou forcément impayés, soumissionner dans d'aussi mauvaises conditions ; — l'expert s'entourera de tous renseignements tendant à établir si le taux des salaires a été moyen, s'il est encore réellement dû des salaires aux ouvriers, à combien se montent ces salaires ; *si le marché a été connu des ouvriers et à quel moment* ; si Loup est intervenu dans l'embauchage ; *dans quelle limite il a usé de son influence et de son crédit pour attirer les ouvriers et les retenir* quand Martin n'a plus payé ; *si le tâcheron a été dupé comme les ouvriers eux-mêmes ou si c'est le tâcheron qui a dupé les entrepreneurs et les ouvriers ; dépens réservés.* »

Nous n'insistons pas davantage. Nous avons la conviction qu'avec l'interprétation souveraine que la Cour de cassation a donnée récemment du décret du 2 mars, peu de faits de marchandage seront poursuivis et réprimés à raison des difficultés de l'entreprise ; et nous reprendrions volontiers, à propos de cette interprétation, l'expression dont se servait M. de Mun pour caractériser la proposition de la Commision permanente demandant au Conseil de s'en tenir à la doctrine de la Chambre criminelle : « Il y a là un moyen d'essayer, sans le dire, d'abolir le décret ».

L'entrepreneur principal — c'est la deuxième question qu'il nous reste à examiner — doit-il être considéré comme co-auteur du délit, ou seulement comme complice ?

Le tribunal de la Seine et la Cour de Paris s'étaient, comme nous l'avons dit, rangés à la première hypothèse.

On lit dans le jugement correctionnel du 9 avril 1897 :

« Attendu que si l'art. 2 du décret du 2 mars 1848 vise seulement l'exploitation des ouvriers par des sous-entrepreneurs, l'arrêté du 21 mars, qui le sanctionne, punit d'une amende « toute exploitation de l'ouvrier par voie de marchandage » sans spécifier quelles sont les circonstances de fait qui constituent l'exploitation prohibée par le texte ;

« Attendu que, s'il est possible de soutenir, en s'attachant au premier décret, que la répression ne peut atteindre que les sous-entrepreneurs ouvriers, dit marchandeurs, sans s'étendre aux entrepreneurs avec lesquels ils ont traité, et malgré les actes d'exploitation qui pourraient leur être reprochés, les entrepreneurs pourraient encore être retenus comme complices des sous-entrepreneurs par application des principes généraux des articles 59 et 60 du Code pénal ;

« Mais attendu que, sans avoir à recourir à ces articles, l'arrêté du 21 mars doit être entendu dans un sens large et englober tous ceux qui, à un titre quelconque, ont fait acte d'exploitation de l'ouvrier par voie de marchandage, aussi bien les marchandeurs que les entrepreneurs. »

Cette doctrine a été condamnée, avec juste raison, par la Cour de cassation qui, sur ce point, a été suivie par les deux Cours de renvoi, et les raisons de décider ont été exposées avec beaucoup de précision par M. le conseiller Cotille.

« En premier lieu, il ne convient pas d'opposer les termes de l'arrêté du 21 mars à ceux du décret du 2 mars, en prétendant que l'arrêté du 21 est d'une application plus large que le décret. « L'exploitation des ouvriers par des sous-entrepreneurs *ou* marchandage est abolie », dit le décret du 2 ; « Toute exploitation de l'ouvrier par voie de marchandage sera punie... », dit l'arrêté du 21 ; et le jugement conclut de cette différence de rédaction que l'arrêté du 21 permettrait d'atteindre l'entrepreneur, que le décret du 2 ne visait pas.

« La différence signalée nous paraît simplement une différence grammaticale, sans aucune portée juridique ; car, ainsi que nous l'avons précédemment exposé, il résulte des travaux de la Commission de gouvernement pour les travailleurs que l'arrêté n'a pas eu d'autre but que de donner au décret la sanction pénale qui lui manquait.

« Ensuite, la doctrine du jugement suivant laquelle il faut entendre dans « un sens large »

les termes de cet arrêté, qui prononce une peine,
est en opposition avec les principes les plus
certains de notre jurisprudence et de la loi. En
matière pénale, au contraire, tout est de droit
étroit ; et la formule même que le jugement est
tenu d'employer pour justifier sa décision à cet
égard, ne suffit-elle pas à condamner sa doctrine ? Comment, d'ailleurs, ne pas apercevoir
les dangers de cette thèse qui prétend considérer
l'entrepreneur comme coauteur éventuel d'un
délit de marchandage, au lieu de se borner à
lui appliquer les règles ordinaires de la complicité ?

« On est complice, aux termes de la loi, quand
on a commis certains faits précisés et énumérés
d'une façon limitative par les articles 59 et 60,
C. pén. Les juges ont ainsi, pour reconnaître
éventuellement la complicité d'un entrepreneur,
des signes certains et légalement définis. »

L'entrepreneur général ne peut ainsi être
considéré ni comme auteur principal, ni comme
coauteur du délit : il peut seulement être re-
tenu à titre de complice aux termes des articles
59 et 60, C. pénal.

Mais ici se présentait une objection formulée
tant dans le réquisitoire de M. Trouard-Riolle
que dans le pourvoi formé au nom de Loup, l'en-

trepreneur général devant la Cour de cassation.

« Si le délit de marchandage, disait M. l'Avocat général, est un délit contraventionnel commis même sans intention de nuire, Loup échappe à la répression parce qu'il n'y a pas de complicité en matière de délits de cette nature. » Le pourvoi citait, à l'appui de cette opinion, quatre arrêts de la Chambre criminelle, 18 janvier 1867; 3 avril 1869 ; 7 avril 1870 ; 11 février 1876.

M. le conseiller Rouhier a réfuté victorieusement cette thèse en montrant d'abord que les arrêts invoqués étaient des arrêts d'espèce plutôt que des arrêts de principe, puis en produisant, en faveur de la thèse contraire, six arrêts intervenus de 1877 à 1895, et qui, selon lui, constituent le véritable et dernier état de notre jurisprudence (1).

Son système qui, sur ce point, est le nôtre, a été consacré par la Cour de cassation dans les termes suivants :

(1) Dans le même sens cf. Garraud, *Traité de droit criminel*, 1, p. 135.

« Des auteurs ont pensé qu'il fallait écarter la complicité pour tous les délits, contraventions prévus par des lois spéciales. Cette doctrine paraissait, jusqu'à ces derniers temps, dominante en jurisprudence. On peut, aujourd'hui, la considérer comme condamnée à la suite d'une heureuse évolution de la Cour suprême. »

« Attendu, d'ailleurs, que le marchandage n'exclurait pas l'application des règles ordinaires de la complicité, même en admettant la doctrine erronée du demandeur, suivant laquelle il pourrait être commis par un tâcheron de bonne foi ;

« Attendu que tout individu qui commet un délit peut être aidé dans cet acte coupable et que cette assistance est frappée de la même peine que la perpétration de l'acte, sauf les cas où la loi en aurait disposé autrement ; que le principe ainsi posé par les articles 59 et 60, C. pén., étant général, l'exception, pour être admise, doit être formellement écrite dans la loi ; que cette exception n'existe pas dans les décret et arrêté de mars 1848. »

CHAPITRE II

Nous en avons ainsi terminé avec la première partie de notre sujet qui comportait l'examen des différentes questions soulevées par l'interprétation et l'application des décrets de 1848, et nous pouvons aborder maintenant le côté économique du marchandage.

Que faut-il entendre exactement sous ce terme, et à quelles formes de travail variées correspond-il dans la réalité ?

Quels sont les résultats du marchandage dans les différentes industries où il nous a été loisible de faire une enquête ? Quels maux y engendre-t-il et quels sont les meilleurs remèdes à ces maux ?

Tels sont les différents points auxquels nous devrons successivement nous attacher.

Section I. — Définition et critère du marchandage.

Il convient, en premier lieu, de définir nettement le contrat de marchandage, et de marquer avec soin ses traits essentiels.

Une grande précision est ici indispensable à raison des distinctions délicates qu'il y a lieu de faire avec d'autres formes du contrat de travail, notamment avec le contrat général de sous-entreprise, et, d'autre part, à raison de la variété des aspects que le marchandage lui-même revêt dans les industries diverses où il est pratiqué.

M. de Mun l'observait lors des délibérations qui eurent lieu sur la question au Conseil supérieur du travail (session de décembre 1898) quand, à la suite d'une discussion animée sur les mérites ou les inconvénients de cette forme de travail, il s'avisait, en fin de séance, qu'il y avait lieu, au préalable, de savoir en quoi elle consistait, et exprimait le désir de voir proposer une définition sur laquelle l'accord pût se faire dans le Conseil.

Tout d'abord, le marchandage est un contrat de sous-entreprise. Il se distingue par là du travail à la tâche ou aux pièces *direct*, appelé *piéçard* par l'Assemblée de Luxembourg, c'est-à-dire du travail accompli par l'ouvrier, soit à son domicile, soit en atelier, pour le compte direct du patron.

Il se distingue encore du travail collectif par équipe, qu'il s'agisse du contrat défini par l'Assemblée de 1848 une *entreprise faite ensemble par plusieurs ouvriers par association avec partage des bénéfices dépassant la journée de chacun, partage fait au prorata de la journée de chaque associé*, ou qu'il s'agisse d'une de ces combinaisons variées dont nous trouvons des exemples dans les réponses faites au questionnaire adressé par l'Office du Travail aux membres du Conseil supérieur :

« Une équipe, composée de deux, trois, quatre ou cinq hommes, entreprend l'exécution d'un travail qui exige le concours de plusieurs hommes ; dans ce cas, un ouvrier supérieur, comme habileté, conduit le travail, et le paiement, qui se fait toujours par le patron, est basé sur le mérite de chacun des participants. Par exemple, si l'ouvrier chef est coté à raison de 60 centimes l'heure et les autres à raison de 50 ou 40, la répartition du prix convenu proportionnellement se fait sur ces bases, sans qu'il y ait jamais réclamation.

« Dans la construction des machines, un certain nombre d'ouvriers se groupent parfois sous la conduite d'un chef d'équipe. L'équipe, ainsi formée, reçoit un prix à forfait pour l'exécution d'un travail comprenant une ou plusieurs parties de machine, ou même une ou plusieurs machines. Chacun des ouvriers ainsi groupés reçoit *du patron*, *au minimum*, le salaire à l'heure convenu avec lui. Lorsque l'entreprise faite par l'équipe a donné un bénéfice, c'est-à-dire lorsque le total des salaires à l'heure est inférieur au prix à forfait préalablement fixé, ce bénéfice est réparti de la manière suivante : 1° Le chef d'équipe reçoit une prime spéciale, tant pour cent du bénéfice ; 2° Les autres ouvriers reçoivent la somme restante, partagée proportionnellement à la somme des salaires à l'heure que chacun a reçus pendant toute la durée du travail. — Ces sommes sont payées directement par la caisse du patron à chaque ouvrier. »

Mais, en rangeant le marchandage au nombre des contrats de sous-entreprise, nous n'avons fait qu'en donner une définition générique.

Il présente des modalités particulières qu'il faut rechercher pour pouvoir en donner une définition spécifique.

De ce point de vue, un fait essentiel donne au marchandage sa physionomie propre et la différencie profondément du contrat général de sous-entreprise. *C'est un contrat de main-d'œuvre*.

Le marchandeur ne fournit jamais (sauf quelques exceptions sans influence, et qui laissent la proposition juste) de matière première. Il la reçoit de l'entrepreneur principal, et la convention qu'il passe avec celui-ci porte exclusivement sur l'exécution des travaux qui lui sont confiés.

Pour citer un exemple, l'entrepreneur général d'une maison sous-traite les travaux de charpente de l'immeuble à un entrepreneur qui assume la fourniture des matériaux de bois ou de fer, en même temps qu'il se charge de la main-d'œuvre des travaux. Cet entrepreneur devient un sous-traitant, au sens général du mot ; ce n'est point un marchandeur. Qu'il reçoive, au contraire, de l'entrepreneur principal les matériaux, et qu'il ne traite que de la main-d'œuvre de l'ouvrage, il fera acte de marchandage.

Nous disions que tel était le trait fondamental du marchandage. Nous verrons, en effet, que toutes les conséquences qui résultent de ce contrat de travail, au point de vue des salaires de l'ouvrier, de son surmenage, des malfaçons, procèdent de ce fait qu'il est un contrat de tâche.

Nous allons voir, en outre, que c'est le seul critère certain auquel on puisse reconnaître qu'il y a marchandage, tous les autres éléments de cette forme de travail étant variables, contingents, et relatifs au genre d'industrie où elle est en vigueur.

On ne peut, en effet, rien inférer de la qualité du tâcheron ; c'est généralement un ouvrier travaillant lui-même en compagnie de ceux qu'il emploie, mais ce peut être aussi un petit entrepreneur ne faisant que diriger et surveiller son équipe.

Quant à l'outillage, M. Bessand observe à juste titre que, selon les industries, il appartient en propre au marchandeur, ou bien est fourni par le patron. Nous verrons même que, dans certains cas, il n'y a qu'un outillage manuel fourni par l'ouvrier.

En ce qui concerne le lieu d'exécution des travaux, ils sont accomplis tantôt dans l'atelier ou le chantier du patron, tantôt dans l'atelier du marchandeur, tantôt enfin (la définition proposée par l'Office du Travail néglige ce dernier cas) au domicile de l'ouvrier.

Enfin, en ce qui concerne le mode de rému-

nération de l'ouvrier, celui-ci est payé, soit au
temps, soit aux pièces, mais il n'est pas exact,
comme le laisse entendre l'Office du Travail, que
le paiement ait toujours lieu sans l'intervention du patron. La Chambre du commerce du
Havre a mentionné avec raison que le patron
garantit parfois aux ouvriers leur salaire quoti-
dien.

Le caractère de contrat de tâche est donc bien
le seul distinctif du marchandage ; et nous arri-
vons, en rassemblant ses autres traits, à la définition suivante qui reproduit, mais en la com-
plétant, celle que nous donne l'Office du Travail :

Le marchandeur, appelé parfois tâcheron façonnier et, dans les industries de femmes, entrepreneuse, est un sous-entrepreneur de main-
d'œuvre qui, avec les matières premières fournies
par le patron et un outillage soit lui appartenant
en propre, soit fourni par le patron, soit fourni
par l'ouvrier, selon les genres d'industrie, fait exécuter les travaux à lui confiés tantôt dans l'atelier ou le chantier du patron, tantôt à son domicile propre, ou à celui de l'ouvrier, par des
ouvriers embauchés et payés par lui à la journée
ou aux pièces, sans l'intervention du patron ou
avec l'intervention du patron, payant et garan-
tissant aux ouvriers leur salaire journalier.

Section II. — Aspect et résultats du marchandage dans un certain nombre de métiers parisiens.

Nous pouvons maintenant exposer les résultats du marchandage dans un certain nombre d'industries, de corps d'état et de métiers parisiens (1).

A. *Métiers d'hommes.*

Travaux de charpente.

Il faut distinguer deux sortes de travaux de charpente :

(1) Toutes les observations qui vont suivre proviennent d'une enquête personnelle que nous avons faite sur ce difficile sujet.

Désireux que cette enquête fût impartiale, nous avons voulu entendre toutes les parties intéressées : patrons, marchandeurs et ouvriers.

Mais il convient d'ajouter que les patrons et les marchandeurs ne nous ont donné qu'un très petit nombre d'indications précises.

La majeure partie de nos renseignements émane des secrétaires des Chambres syndicales adhérentes à la Bourse du Travail. La grande autorité de ces représentants de la classe ouvrière fait d'ailleurs que nous avons la plus grande confiance dans la valeur des réponses qu'ils nous ont faites.

1° les travaux de charpente en bois ; 2° ceux de charpente en fer.

Dans ces catégories, le marchandage existe.

I. CHARPENTE EN BOIS. — Un tâcheron traite à forfait avec un entrepreneur général de charpente pour la main-d'œuvre de la charpente d'une maison, d'un hangar, etc. Il reçoit de l'entrepreneur principal la matière première, comprenant le bois et les clous ainsi que le gros outillage : échelles, échafauds, chèvres. Il fournit généralement les outils manuels des ouvriers : tarières, scies, ciseaux.

Il embauche une équipe d'ouvriers qu'il paie à l'heure.

Bien que le tâcheron ait généralement, par suite de la concurrence, traité avec l'entrepreneur principal à un prix inférieur ou prix normal, il donne à ses ouvriers le salaire courant : soit 0 fr. 90 l'heure, prix de série de la Ville de Paris, ratifié le 9 mars 1899 par les dernières conventions intervenues entre les délégations patronales et ouvrières.

En revanche, et pour trouver son bénéfice, le tâcheron impose à ses ouvriers un surmenage violent, et exige d'eux une forte surproduction. D'autre part, et dans la même pensée d'économie de temps, ses échafaudages sont imparfaits et presque toujours insuffisants. D'où il suit que chez les tâcherons les risques d'accidents sont notoirement plus nombreux.

Il résulte encore de l'obligation pour l'ouvrier d'aller vite en besogne que les malfaçons sont variées. On en peut citer cet exemple : soit un hangar d'une forte portée (on entend par portée l'espace en largeur compris entre les poteaux). Il est nécessaire, dans ce cas, que les *jambes de force*, liens en bois servant à donner de la force à la charpente, aient des *embeuvements*, coches particulières assurant la solidité de l'ouvrage. Les tâcherons se dispensent toujours de pratiquer ces embeuvements, ce qui simplifie le travail mais lui enlève de la solidité.

Le vice principal du marchandage dans la charpente réside dans l'insolvabilité générale des tâcherons. Ceux-ci n'ont point d'avances. Ils reçoivent, toutes les semaines, des mains de l'entrepreneur principal, des acomptes qui leur permettent de distribuer le salaire des ouvriers. Mais lorsque l'ouvrage est très avancé, l'entrepreneur général attend qu'il soit entièrement terminé avant de régler définitivement son tâcheron. Or, il arrive fréquemment que, par suite des malfaçons, l'ouvrage est refusé par l'architecte. L'entrepreneur principal refuse alors de régler le tâcheron. Celui-ci disparaît, et les ouvriers perdent ainsi le reliquat de leurs salaires.

Il semble bien que l'abus des malfaçons ait entraîné une décroissance du marchandage. Il n'y a plus guère, à l'heure actuelle, que 25 0/0 d'entrepreneurs de charpente s'adressant à des tâcherons. Les autres font travailler directement.

Il convient enfin de signaler sous le nom de *marchandage à l'anglaise* une forme de travail qui présente une certaine analogie avec le marchandage, mais qui s'en distingue en ce qu'il n'y a pas, à proprement parler, de contrat de sous-entreprise et que l'intermédiaire n'a pas à rémunérer ses ouvriers. Elle se caractérise ainsi : un entrepreneur s'adresse à un chef d'équipe pour la main-d'œuvre d'un certain travail. Il lui assure un salaire journalier déterminé, et, en outre, une prime à toucher si le travail est accompli dans un délai fixé. Le chef d'équipe embauche des ouvriers à sa convenance, mais ces ouvriers reçoivent leurs salaires des mains de l'entrepreneur principal. C'est un système qui, à raison du surmenage que le chef d'équipe impose à ses ouvriers, épuise littéralement les forces de ceux-ci.

II. Charpente en fer. — Le marchandage y

est plus fréquent et plus funeste encore que dans la charpente en bois.

Il s'y pratique dans les mêmes conditions au point de vue des conventions et de l'apport des matières premières et de l'outillage.

La concurrence, très violente, qui existe entre les tâcherons, les amène à consentir des rabais considérables, et à sous-traiter à des prix très inférieurs à la valeur normale du travail.

Il s'ensuit que les tâcherons ne donnent à leurs ouvriers qu'un salaire avili : 0 fr. 60 et même 0 fr. 50 au lieu de 0 fr. 75, prix de série de la Ville.

Le surmenage est intense.

D'autre part, au lieu de prendre des monteurs de profession, les tâcherons s'adressent fréquemment à des hommes de peine étrangers au métier qu'ils paient à un prix inférieur. Il en résulte de nombreux accidents. On peut citer comme exemple l'accident survenu au mois de mai dernier (1902) dans une usine en construction à Levallois-Perret.

Sept fermes en fer dépendant de la charpente s'abattirent, écrasant un passant. Elles avaient été montées par des ouvriers étrangers à la profession, et travaillant sous les ordres d'un tâcheron qui les avait embauchés.

Les malfaçons sont nombreuses et résident surtout dans le détail de l'ouvrage. Pour prendre un exemple, les boulons ne sont pas mis en place ni serrés avec toute la force nécessaire et l'ouvrage manque, par suite, de rigidité.

Enfin l'insolvabilité des tâcherons est peut-être plus grande encore que dans la charpente en bois, et les contestations provoquées par des ouvriers ayant perdu leur salaire sont innombrables.

Il y a environ 45 0/0 d'entrepreneurs faisant travailler des tâcherons.

Plomberie et couverture.

La plomberie comprend principalement les travaux de canalisation d'eau et de gaz, et ceux des appareils d'assainissement.

Quant aux travaux de couverture, il faut distinguer entre les couvertures en zinc, et celles en tuiles ou en ardoises.

Dans ces deux corps d'état, le marchandage existe à un point tel que la généralité des entrepreneurs s'adressent à des tâcherons.

Le contrat passé entre le tâcheron et l'entrepreneur, qu'il s'agisse de plomberie ou de couverture, porte exclusivement sur la main-d'œuvre. Le tâcheron ne fournit rien, car il reçoit, d'une part, du patron, la matière première et le matériel nécessaire ; et, d'autre part l'ouvrier fournit sa boîte d'outils manuels.

Par suite de la concurrence existant entre les tâcherons, le prix accepté par eux pour l'exécution du travail convenu est *toujours* sensiblement inférieur au prix normal de revient.

C'est ainsi qu'un appareil de tout à l'égoût neuf revient environ à 12 fr. de main-d'œuvre par cabinet ; il sera cédé au tâcheron pour 10 fr., 8 fr. et même 6 fr.

Il n'en résulte pas cependant nécessairement un avilissement du salaire des ouvriers. Et il arrive même que les tâcherons donnent à ceux-ci un salaire plus élevé que les entrepreneurs. Les constatations faites en ce sens par M. Brodu sont parfaitement exactes (1) ; tandis que les ouvriers plombiers et les couvreurs en zinc ne touchent chez les entrepreneurs que 7 fr. 50 par jour, ils gagnent généralement 8 fr. 50 chez les tâcherons. Les ouvriers en tuiles gagnent 8 fr. chez les entrepreneurs et 9 fr. chez les tâcherons.

Mais il faut observer tout d'abord qu'il n'y a guère que les ouvriers syndiqués qui bénéficient de cette hausse des salaires. Les ouvriers non-

(1) Brodu. — *Le Marchandage*, p. 23.

syndiqués ne reçoivent généralement que le salaire courant de la profession, et l'on ne compte guère plus de 1 500 ouvriers syndiqués sur 12 000 que comprend environ la corporation.

D'autre part, et surtout, le tâcheron impose à ses ouvriers un surmenage terrible : il exige d'eux, une surproduction qui est loin d'être proportionnelle à la légère augmentation de salaire qu'il leur concède.

C'est ainsi que pour construire un appareil neuf de tout à l'égout, il faut compter normalement 15 heures. Le tâcheron le fait faire en 10 heures. Certains appareils ont été établis par des tâcherons en 9 heures.

Pour faire un mètre superficiel de couverture en tuile, 2 heures sont normalement nécessaires. Ce travail sera fait chez le tâcheron en 1 heure 1/4, parfois même en 1 heure.

Quant à la couverture en zinc, le travail moyen d'un ouvrier s'évalue à la fin d'une journée par 40 mètres de couverture : le tâcheron en exigera 60 et même 65.

Les malfaçons sont, on le conçoit, nombreuses et considérables.

M. Portailler en a cité, devant le Conseil supérieur du travail, quelques-unes qu'il convient de rapporter. « S'il s'agit de *soudures de tuyaux de plomb*, au lieu de bien ajuster les deux bouts dont l'un doit pénétrer dans l'autre, on s'arrange de façon que la circulation d'eau qui passera dans les tuyaux ait lieu sans être gênée en rien ; pour aller plus vite, on met ça n'importe comment ; sur le moment, cela va tout de même, mais une fois que la plomberie est en service on voit les mauvais résultats de cette façon de travailler. »

« Pour qu'une soudure soit solide, il faut, entre autres choses, en bien nettoyer la place avec la râpe ; pour aller plus vite, on ne râpe guère et si c'est du plomb neuf, bien souvent on ne râpe pas du tout ; la soudure faite ainsi tient tout de même, mais pas longtemps ; mais enfin pour satisfaire les exigences du marchandeur, et comme on a besoin de travailler, et la crainte d'être remercié par lui, on se résigne à faire le travail de cette façon. »

On peut en citer d'autres concernant les appareils d'assainissement.

Les gâches à scellement, colliers servant à sceller les tuyaux dans le mur, au lieu d'être placés à une distance de 0 m. 30, le sont seulement à une distance de 0 m. 80.

Au lieu de mettre 4 taquets pour fixer le réservoir au mur, 2 en haut et 2 en bas, le tâcheron se contente généralement de n'en sceller que 2 : ceux du haut ; les 2 vis du bas sont simplement enfoncées à coups de marteau dans le plâtre. Il en résulte un manque de solidité qui oblige à la réfection de l'appareil avant le délai normal.

M. Portailler a également cité des malfaçons relatives aux travaux de couverture en zinc.

« Lorsqu'on établit le voligeage sur lequel seront placées les feuilles de zinc, au lieu de mettre 4 à 5 clous sur chaque chevron, on n'en met qu'un, cela va plus vite.

Les feuilles de zinc doivent être retenues par des pattes d'agrafes : on n'en met pas, ou pas assez. Une fois la couverture finie cela ne se voit pas ; seulement elle résiste bien moins aux grands vents. »

Il y en a d'analogues concernant les couvertures en tuiles et en ardoises.

Au lieu de mettre les lattes qui doivent soutenir les tuiles à une distance de 0 m. 08 ou 0 m. 10, le tâcheron les espace à la distance de 0 m. 16.

De même, au lieu de mettre 2 clous pour fixer l'ardoise, le tâcheron n'en met qu'un seul.

La solvabilité des tâcherons est générale. Un certain nombre de patrons garantissent d'ailleurs le salaire des ouvriers employés par le tâcheron avec lequel ils ont traité.

Serrurerie.

La serrurerie occupe plusieurs catégories d'ouvriers :

1° Les *forgerons* qui font les fers à plâtre, c'est-à-dire les fers occupés dans le bâtiment, les ornements et volutes des rampes d'escalier, grilles ou balcons en fer forgé ;

2° Les *ajusteurs* qui font les ajustements, c'est-à-dire posent les armatures métalliques des vérandahs, des grilles, font le cadre des rampes d'escalier ou balcons ;

3° Les *ferreurs* qui font les travaux de serrurerie proprement dite, c'est-à-dire posent les serrures, les crémones, les espagnolettes, ferrent les portes.

Dans chacune de ces spécialités, le marchandage existe au plus haut degré, la plupart des entrepreneurs faisant travailler des tâcherons.

Le contrat passé entre eux est un contrat de main-d'œuvre, et, dans les trois catégories, le travail est cédé au tâcheron au rabais.

Une rampe de fer forgé valant 100 francs le mètre linéaire, sera entreprise pour 80 francs, 70 et même 60 francs. L'ajustage d'une marquise revenant à 700 ou 800 francs sera marchandé à 500 ou 600 francs. Enfin une fenêtre à 6 pommelles et 8 équerres, dont le prix de revient normal serait 2 fr. 10, sera entreprise par le tâcheron pour 1 fr. 10 et même 1 franc.

Dans chacun de ces trois corps d'état, les rabais ont une répercussion sur les salaires des ouvriers qui, chez le tâcheron, se trouvent toujours avilis.

On peut, à cet effet, dresser le tableau comparatif :

		Patrons		Marchandeurs	
GRANDE FORGE	Forgerons	9 fr.	—	8 fr. par jour	
	Frappeurs	6 fr. 25	—	5 fr.	—
PETITE FORGE	Forgerons	8 fr.	—	7 fr.	—
	Frappeurs	6 fr.	—	5 fr.	—
	Ajusteurs	7 fr. 50	—	7 fr.	6,50

Ferreurs. — Ils sont payés aux pièces. Le rabais consenti par le tâcheron entraînant une réduction sur le tarif aux pièces payé à l'ouvrier, il s'en suit que l'ouvrier ferreur, tout en produisant beaucoup, ne gagne que des salaires dérisoires. La fenêtre que nous avons vu marchandée 1 fr. est faite par l'ouvrier du tâcheron pour 0 fr. 80, et comme un ouvrier de capacité moyenne ne peut guère en faire plus de quatre par jour, son salaire courant est chez le tâcheron de 3 fr. 20 environ, tandis que chez le patron, il est normalement de 7 fr. ou 7 fr. 50.

Seul, le salaire du *perceur* ne subit pas chez le tâcheron de dépréciation. Un bon perceur est, en effet, indispensable, car c'est lui qui doit fournir, et le plus rapidement possible, le travail à faire aux ajusteurs et aux ferreurs.

Dans toutes les branches de la serrurerie, le surmenage imposé par les tâcherons est intense, et la surproduction très forte.

Les malfaçons sont nombreuses.

Dans la forge, l'ouvrier du tâcheron ne prend généralement pas le temps de faire un rouleau en fer, modèle qui sert à rouler à chaud les volutes. Il les roule *à la griffe*, ce qui lui permet de tourner le fer dès qu'il est un peu chaud. Il en résulte que le fer présente des *jarrets*, c'est-à-dire n'a pas un cintre régulier, et se casse plus facilement.

S'il s'agit d'ajustage, le tâcheron se dispensera de passer les assemblages au *minium* ; l'eau s'infiltrera entre les fers qui se rouilleront plus vite.

La solvabilité des tâcherons est générale. Les salaires des ouvriers sont d'ailleurs le plus souvent garantis par le patron.

Mais il arrive fréquemment que le tâcheron promet une prime à ses ouvriers s'ils achèvent le travail dans un délai déterminé. Lorsque la besogne est sur le point d'être finie, le tâcheron renvoie ses ouvriers, et en embauche d'autres pour la terminaison de l'ouvrage.

Ferblanterie.

Il existait autrefois dans cette corporation beaucoup de travail à façon. Par suite du développement des moyens mécaniques, la ferblanterie se fait, aujourd'hui, en usine.

L'ouvrier est aux pièces et travaille directement dans l'atelier du fabricant. Le marchandage a ainsi disparu presque entièrement.

On peut, cependant, en citer encore quelques cas ; dans une maison parisienne qui fabrique des brûloirs à café, la boule qui sert à brûler le café est faite en marchandage. La maison traite avec un sous-entrepreneur ouvrier pour la main-d'œuvre de ses boules. Elle lui fournit la matière première : tôle et fer, ainsi que l'outillage. Le sous-entrepreneur embauche un ouvrier qu'il paie à l'heure. Le salaire de celui-ci n'est pas avili, mais il y a surmenage.

On peut encore citer le cas de la maison L., ainsi rapporté par un journal de la corporation : *L'Ouvrier métallurgiste* (1ᵉʳ mars 1902) :

« Cette maison occupe soixante-dix à quatre-vingt ferblantiers, les uns travaillant aux pièces, les autres à la journée sous le compte d'un marchandeur.

« Aux pièces, certains ouvriers de cette maison gagnent de fortes quinzaines, quelques-uns ont, il est vrai, leurs gosses qu'ils font travailler avec eux.

« Les autres font une moyenne de 35 à 40 francs la semaine, mais au préalable ils ont dû faire un stage à la journée et dans les conditions suivantes :

« Le marchandeur donne aux ouvriers qu'il occupe à la journée 0 fr. 50 de l'heure, on m'affirme même qu'il y en a qui ne touchent que 0 fr. 45 et 0 fr. 40 ; puis, poussant le marchandage — pour ne pas me servir d'un autre terme qui serait plus exact — à la dernière extrémité, il promet une gratification aux deux ou trois ouvriers qui, dans leur quinzaine, auront fait le plus d'heures et surtout le plus de travail, et, par conséquent, qui lui auront rapporté le plus de bénéfices. C'est ce que l'on peut appeler — *la prime à l'abrutissement.* »

Sculpture sur bois.

La sculpture sur bois comprend tous les travaux de décoration sur bois : boiseries de salons, de portes, de devantures de magasin. Elle comprend encore les travaux de sculpture à faire sur les meubles ou sièges.

Il existe dans cette industrie d'art deux sortes de marchandage :

1° Le marchandage qui s'exerce dans les conditions ordinaires, le façonnier se chargeant de la main-d'œuvre du travail, employant des ouvriers de son choix, et travaillant dans l'atelier du fabricant. Celui-ci fournit la matière première et les établis ; le tâcheron ne fournit rien, car les outils manuels, étaux, gouges, vis de serrage, etc., sont presque toujours personnels à l'ouvrier.

2° Le marchandage pratiqué par des façonniers appelés *choutiers*. C'est le plus répandu. Il diffère du premier en ce que le choutier travaille chez lui et fournit les établis, l'outillage manuel étant toujours la propriété de l'ouvrier.

Dans les deux cas, le façonnier traite avec le patron pour un prix inférieur au prix normal. L'importance du rabais est difficile à déterminer, étant donné qu'il n'existe pas de prix de série, et qu'il y a, dans les travaux de sculpture, une variété infinie. Mais le rabais en lui-même est certain, à raison de la concurrence que se font entre eux les façonniers.

Le façonnier paie ses ouvriers aux pièces : il y a cependant une tendance au paiement à l'heure, les salaires pouvant varier entre 0 fr. 70 et 1 fr. 50 l'heure, selon la capacité de l'ouvrier.

La réduction des prix de façon et l'avilissement du salaire de l'heure existent chez certains façonniers, mais sont peu sensibles. Le façonnier a surtout recours, pour réaliser son bénéfice, à une spécialisation de travail curieuse et qu'il faut indiquer.

Tandis que le fabricant direct n'emploie généralement que 2 catégories d'ouvriers : l'*ébaucheur* qui prépare le travail, et qui le met au point, et le *finisseur* qui le termine, le façonnier procède tout autrement : il a d'abord comme le fabricant un ébaucheur qui ébauche le modèle ; mais cet ouvrier pousse le travail beaucoup moins loin que chez le fabricant direct. Le faconnier emploie alors, après lui, des jeunes gens qu'il ne paie pas au même tarif des ouvriers proprement dits et qu'il a spécialisés dans des opérations analogues à l'ébauchage et qui, chez le fabricant direct, en dépendent : opérations telles que le *massage*, préparation des masses, plans et motifs d'ensemble : le *défonçage* des parties profondes sur lesquelles doivent s'enlever les parties en relief. Ces jeunes gens spécialisés dans chacune de ces opérations, poussent le travail assez loin pour qu'il puisse être livré au finisseur.

C'est l'économie qui résulte pour le façonnier de ce système qui lui permet de se compenser des rabais consentis par lui. Tandis que chez les fabricants directs on ne comptera que 30 apprentis pour un total de 100 ouvriers, on en comptera 70 chez les façonniers.

Cet emploi excessif des apprentis, qui est peut-être la raison principale du développement du marchandage, est facilité par la bonne réputation dont jouit le métier et qui pousse beaucoup de pères de famille à y faire entrer leurs enfants.

Le surmenage de l'ouvrier existe chez les façonniers ; il est dû aux conditions générales dans lesquelles ils font travailler ; il est dû aussi à ce que les fabricants, pour éviter d'immobiliser leurs capitaux dans la matière ouvrée, attendent jusqu'à la dernière limite, avant de mettre leur commande dans les mains du façonnier.

On peut citer, à cet égard, des exemples caractéristiques. Une grande maison parisienne qui, en 1898, lors de la visite du tsar en France, avait reçu de l'Elysée une commande de salons s'élevant à 100 000 francs, mit cette commande en œuvre, par l'intermédiaire de façonniers, deux mois seulement avant la date de la livraison, tandis qu'un délai de six mois au moins eût été nécessaire.

En 1900, la devanture d'un grand café des boulevards dut être faite en trois semaines, alors qu'il s'agissait d'un travail exigeant normalement six semaines.

Il suit de là que les malfaçons sont nombreuses. Elles portent principalement sur la finition de l'ouvrage, et ne sont sensibles qu'à des yeux exercés. S'il s'agit, par exemple, d'un meuble ou d'un siège, ils ne seront pas la reproduction parfaite du modèle, notamment en ce qui concerne les épaisseurs indiquées.

On peut encore reprocher aux façonniers l'insalubrité des locaux dans lesquels ils font travailler leurs ouvriers. Ces locaux sont généralement de proportions insuffisantes, mal aérés, et remplis de sciure de bois, ce qui développe la tuberculose et les maladies des voies respiratoires.

Enfin, il y a de nombreux cas d'insolvabilité et les exemples sont fréquents d'ouvriers perdant leurs salaires, par suite de la disparition du façonnier. Beaucoup de ceux-ci n'ont même pas de loyer à leur nom ; ils ne possèdent dans l'atelier que quelques établis, de telle sorte que l'ouvrier est dénué de toutes garanties.

Les marchandeurs deviennent de plus en plus nombreux dans la corporation. Sur 100 fabricants, on en peut compter 75 faisant travailler à façon.

Mentionnons, pour terminer, qu'il existe du marchandage à plusieurs degrés.

Le trône du roi d'Angleterre Edouard VII a été ainsi exécuté dans les conditions les plus singulières.

Entrepris tout d'abord par une maison anglaise, la commande fut cédée par elle à un tapissier anglais, puis cédée par celui-ci à une maison parisienne de la rue de Maubeuge. Enfin cette maison confia la sculpture à un fabricant de sièges de la rue de la Roquette, qui lui-même fit exécuter les motifs par un sculpteur de profession.

Nous pouvons encore citer, personnellement, le cas d'un traîneau de l'époque Louis XVI qu'il s'agissait de transformer en une jardinière d'antichambre. La commande avait été faite à un tapissier du faubourg Saint-Honoré. Celui-ci la donna à un sculpteur décorateur qui, lui-même, la confia à une maison de la rue Sedaine. Enfin cette dernière, après avoir exécuté directement tout ce qui concernait la menuiserie, fit exécuter par un tâcheron l'ornementation des pieds et des traverses. Le travail fut payé par l'amateur 1 500 francs, tandis que le prix de revient ne s'élevait guère à plus de 600 ou 650 fr.

Carrosserie.

Le marchandage dans la carrosserie mérite une mention spéciale. Tout d'abord, il existe dans toutes les branches de la carrosserie, qu'il s'agisse de la voiture de luxe, du fiacre ou de la voiture de commerce ; il existe, d'autre part, dans chaque partie de la fabrication : peinture, charronnage, serrurerie, sellerie et forge.

Enfin, pour les voitures neuves, du moins, il n'y a guère de fabricant qui ne s'adresse à des sous-traitants.

Nous allons voir à quels résultats ce système aboutit.

Peinture. — Un tâcheron se charge à forfait de la peinture d'un certain nombre de voitures. Le patron carrossier lui fournit l'outillage, et le plus souvent, mais pas toujours, la peinture et le vernis. Le tâcheron embauche des ouvriers en compagnie desquels il travaille dans l'atelier du patron. Il les paie à l'heure.

Ayant *toujours* traité avec le patron à un prix inférieur, il ne donne à ses ouvriers qu'un salaire avili.

Alors que, selon le tarif syndical convenu depuis 1881 entre les Chambres syndicales, patronales et ouvrières, le salaire de l'heure s'élève de 0 fr. 60 à 0 fr. 80, le tâcheron ne donne à ses ouvriers que 0 fr. 50 ou 0 fr. 60.

Il leur impose, d'autre part, un surmenage *intense et constant.*

Il en résulte de nombreuses malfaçons, dont les plus importantes sont les suivantes :

1° En ce qui concerne le vernissage de la voiture, c'est une opération qui demande à être traitée avec beaucoup de soin, et par des ouvriers expérimentés.

Le vernis, matière grasse formée de gomme, est difficile à travailler, et ne peut être étendu que très lentement.

Les tâcherons confient généralement l'opération à des ouvriers novices, et, pour la simplifier, ils font pratiquer ce qu'on appelle dans l'argot de métier *l'enlevage.* L'opération consiste simplement à additionner le vernis d'essence. Celui-ci devient ainsi beaucoup plus léger, s'étend plus vite et plus facilement. Mais, en même temps, il a perdu de sa force, et résiste beaucoup moins longtemps.

C'est là une malfaçon qui, au moment de la livraison, échappe à des yeux même exercés : elle n'apparaît qu'à l'usage.

2° En ce qui concerne l'apprêt. L'apprêt, formé d'ocre rouge ou jaune, sert à « garnir » les défauts du bois ou de la tôle. Il convient dans un travail soigné d'en mettre 6 couches successives : les marchandeurs n'en mettent jamais plus de 2 ou 3 couches.

CHARRONNAGE. — Dans la voiture de luxe, le charronnage comprend la construction de l'avant-train et des 4 roues. La caisse, qui est d'un dessin particulier et exigeant des connaissances spéciales, est faite par le menuisier.

Dans la voiture de commerce, au contraire, la caisse est également construite par le charron qui fait ainsi tout ce qui concerne le bois.

Le marchandage existe dans les deux sortes de voitures, et plus particulièrement encore dans la voiture de luxe.

Voitures de luxe. — L'avant-train se fait, le plus souvent, par travail direct mais les roues se font toujours par marchandage. Le patron carrossier traite à forfait avec un tâcheron pour l'exécution d'un certain nombre de trains de roues. On appelle train l'ensemble des quatre roues d'une voiture.

Il lui fournit le bois et le gros outillage, tarauds et tarières. Le tâcheron fournit les menus outils, rabots, planes, scies, pédales. Il travaille, avec les ouvriers par lui embauchés, dans l'atelier même du patron.

Bien que le tâcheron ait traité avec le patron à un prix généralement inférieur au prix normal, 55 francs par exemple au lieu de 65 ou 70 francs pour un train de roues, il paie à ses ouvriers le salaire normal : 0 fr. 70 l'heure, selon le tarif syndical convenu en 1880. Parfois même il leur concède une augmentation de 0 fr. 05.

Il trouve son bénéfice en imposant à ses ouvriers un surmenage violent et continu.

Il se réserve, d'autre part, le travail le plus doux, tel que le traçage du bois, et laisse à ses ouvriers le plus pénible, tel que le débit du bois.

On ne constate guère de malfaçon dans le charronnage des voitures de luxe, même exécutées en marchandage.

Voitures de commerce. — Nous avons vu que le charron se charge de la fabrication de la caisse en même temps que de celle des roues.

Le marchandage s'exerce ainsi pour ces deux ordres de travaux.

En ce qui concerne la caisse, qu'il s'agisse d'une tapisserie, d'une voiture à bras, d'un camion, etc., le tâcheron entreprend à forfait tout le travail : construction proprement dite et montage. Il reçoit la matière première et l'outillage, et travaille avec ses ouvriers dans l'atelier du patron.

Par suite de la concurrence qui, dans cette partie, est particulièrement vive, il traite avec le patron à un prix sensiblement inférieur au prix normal.

Il ne donne à ses ouvriers qu'un salaire avili. Tandis que le salaire de l'heure, d'après le tarif syndical, est fixé à 0 fr. 70, les ouvriers ne reçoivent généralement chez le tâcheron que 0 fr. 60. On a vu le salaire descendre jusqu'à 0 fr. 55 et même 0 fr. 50.

Le surmenage est intense. On peut citer comme exemple le cas d'un avant-train d'une flèche à 4 chevaux exécuté en 14 heures, alors que, normalement, 20 ou 22 heures de travail auraient été nécessaires.

Il résulte de cette surproduction de nombreuses malfaçons : le bois n'est généralement pas *corroyé* ; il est employé tel quel, à l'état rugueux, de telle sorte qu'au bout d'un certain temps les ferrures se disjoignent.

Au lieu d'être soigneusement percés à la main, les trous sont percés à la machine, suivant l'indication approximative de la grosseur des boulons.

Il arrive fréquemment encore qu'au lieu de mettre les tenons très justes dans les mortaises, l'ouvrier du tâcheron, pour gagner du temps, perce les trous plus larges, et fait les tenons

plus minces. Le tenon s'enfonce ainsi plus rapidement, mais le serrage manque de solidité.

Menuiserie. — L'art du menuisier intervient
dans la carrosserie pour la construction de la
caisse dans la voiture de luxe, le fiacre et l'au-
tomobile.

Elle s'opère *toujours* par marchandage et
dans les mêmes conditions que nous avons ren-
contrées jusqu'ici. Le rabais consenti par le tâcheron va jusqu'à 25 ou 30 0/0 de la valeur de
revient. Le salaire de l'ouvrier reste à peu près
normal : 0 fr. 80 l'heure, d'après le tarif syndical. On constate cependant chez un certain
nombre de tâcherons une tendance à déprécier
le salaire de l'ouvrier qui ne touche plus chez
eux que 0 fr. 75 et 0 fr. 70.

Le surmenage est particulièrement intense
et les malfaçons sont nombreuses. Elles portent sur la finition. Il n'est pas rare, par
exemple, de voir construire chez les tâcherons
des caisses dont les deux côtés ne se ressem-
blent pas absolument.

Il faut noter enfin que, dans la menuiserie, il
existe parfois du marchandage à 2 degrés.

Un patron carrossier traite pour la façon d'un
travail déterminé avec un petit patron qui, lui-
même, fera exécuter la main-d'œuvre par un

tâcheron auquel il fournira la matière première.

Forge. — Le travail de forge comprend dans la carrosserie toutes les ferrures d'avant-train et de roues.

Le marchandage existe dans cette partie, principalement dans l'industrie de luxe.

Le patron carrossier fournit au marchandeur le fer, le charbon et le gros outillage : enclumes, marteaux, tranches, étampes, etc. L'outillage manuel : pied à coulisse, compas, règles, etc., est fourni par l'ouvrier.

Le marchandeur fait l'office de forgeron. Il a généralement avec lui un frappeur, un monteur et 2 autres compagnons : un limeur et un perceur.

Il a traité avec le patron à un prix normal et il donne à ses ouvriers le salaire courant de la profession : 0 fr. 80 au monteur et au forgeron, 0 fr. 70 au limeur, 0 fr. 60 au perceur et 0 fr. 50 ou 0 fr. 55 au frappeur. Certains tâcherons donnent même à leurs ouvriers un salaire un peu supérieur.

Ils exigent d'eux, en revanche, une surproduction énorme et particulièrement épuisante, à raison de la grande dépense de forces que nécessitent les travaux de forge. Ils se fondent sur le temps mis pour accomplir une besogne déterminée par un ouvrier d'une force exceptionnelle, et ils imposent ensuite ce temps comme moyenne. Ils exigent, par exemple, qu'un essieu de voiture soit limé en 1 heure 1/2 ou 1 heure 3/4, travail qui demande normalement 2 heures 1/2.

En ce qui concerne les malfaçons, elles portent plutôt sur la finition que sur le gros œuvre. La solidité de l'ouvrage est cependant négligée en certains cas chez les tâcherons. Ils se dispensent, par exemple, en matière de soudure, de *redoubler la chaude*, c'est-à-dire de remettre une deuxième fois les 2 morceaux de fer à souder au contact du feu, ce qui rend la soudure moins forte.

SELLERIE. — Le travail du sellier comprend la garniture de la voiture : garniture intérieure et extérieure, c'est-à-dire harnais, capote, coussins.

Le travail de garniture s'opère presque toujours par marchandage pour les voitures neuves : seules, les réparations se font par travail direct.

Le patron fournit au tâcheron la matière première : cuir, drap, galons, clous, ivoire, etc. Le tâcheron fournit les outils, les crayons, règles, etc.

Il travaille dans l'atelier du patron avec des

ouvriers qu'il a embauchés, et qu'il paie soit aux pièces, soit à l'heure.

Le salaire des ouvriers travaillant chez le tâcheron est notoirement inférieur à celui des ouvriers employés directement par les patrons.

On peut citer à cet égard des chiffres précis selon les différentes catégories d'ouvriers :

1° Les *finisseurs* et *poseurs*, qui sont les premiers ouvriers, gagnent, chez le patron, 0 fr. 90 l'heure ; chez le tâcheron, 0 fr. 80 au maximum ; 0 fr. 75, en moyenne ; parfois 0 fr. 65 et 0 fr. 60 ;

2° *Ouvriers du grand établi.* — Ils font les grands matelas, posent les moquettes, garnissent les portes des voitures, et prêtent la main aux poseurs. Ils touchent 0 fr. 80 chez le patron ; chez le tâcheron, 0 fr. 70, 0 fr. 60 et même 0 fr. 55 ;

3° *Ouvriers du petit établi.* — Ils garnissent les brancards, font les coussins, et tout le petit travail.

Ils reçoivent : 0 fr. 70 chez le patron ; 0 fr. 50, au maximum, chez le tâcheron ; parfois 0 fr. 45 et même 0 fr. 40.

Le surmenage de tous les ouvriers est violent. Il s'accomplit selon le procédé que nous avons indiqué, le tâcheron prenant comme moyenne le temps mis par un ouvrier de capacité exceptionnelle. Il en résulte que les malfaçons sont nombreuses.

On peut en citer de très caractéristiques.

1° En ce qui concerne la boîte de siège, celle sur laquelle s'assied le cocher ; lorsque la toile est matelassée, elle est ensuite recouverte d'une toile, puis de la garniture de drap ou de cuir. Elle est ensuite bordée d'un *jonc* qui fait le tour de la garniture.

Pour que le travail soit convenablement fait, il est nécessaire de clouer, séparément et successivement, la toile et la garniture avant de poser le jonc. Les tâcherons négligent généralement ces deux opérations préliminaires. Ils prennent la toile et la garniture en clouant le jonc. Il en résulte que si le jonc vient à céder, la toile et la garniture cèdent en même temps. C'est là une malfaçon invisible au moment de la livraison.

2° Les tâcherons se contentent presque toujours de coller le *galon-rabat* au lieu de le coudre. Il s'ensuit que si la voiture est exposée à l'humidité, la pâte ressort, et forme une mousse blanche qui fait pourrir la garniture.

3° Les bas de marche en moquette doivent être toujours posés à sec. Les tâcherons les posent généralement humides, car la moquette, lorsqu'elle est mouillée, se tend beaucoup plus facilement : mais elle s'effiloche et se pourrit plus rapidement.

Tels sont les traits qui caractérisent le marchandage dans les différentes branches de l'industrie de la carrosserie. Disons, pour terminer, que la solvabilité des tâcherons est générale.

Or et joaillerie.

On distingue dans la bijouterie trois grandes catégories :

1° Bijouterie or et joaillerie ;

2° Bijouterie doublé et argent.

3° Bijouterie dorée, acier, deuil et petit bronze.

I. BIJOUTERIE OR ET JOAILLERIE. — La bijouterie en or comprend les bijoux : broches, bagues, boutons, etc., ne portant que peu ou pas de brillants.

La joaillerie, au contraire, comprend tous les bijoux : diadèmes, aigrettes, etc., dont la surface est constellée de pierres.

1° *Bijouterie en or*. — Le façonnier a disparu presque entièrement dans cette industrie. Il n'existe plus guère de travail à façon que pour la fabrication d'objets religieux et des chaînes en or. Pour tous les autres articles, c'est le travail direct qui seul est en vigueur.

2° *Joaillerie.* — Le travail à façon s'y exerce dans des conditions tout à fait particulières et différentes de celles que nous sommes habitués de rencontrer.

Le façonnier, au lieu de recevoir la matière première des mains du fabricant, l'achète chez le marchand d'or. Puis il la travaille selon les modèles qui lui sont demandés, mais en se contentant de *l'apprêter en blanc*, c'est-à-dire de lui faire subir seulement les premières transformations. Il livre la pièce dans cet état au fabricant qui se charge alors, soit par travail à façon, soit par travail direct, de toutes les opérations de finition, polissage, sertissage, gravure et ciselure.

Ce mode de travail à façon constitue encore, selon nous, un véritable marchandage.

Les bénéfices du façonnier sont, en effet, prélevés exclusivement sur la main-d'œuvre.

Ils ne sauraient l'être sur le marchand d'or. N'ayant pas d'avances, le façonnier ne paie jamais le marchand au comptant, et il est astreint à lui servir des intérêts à compter du jour même de l'achat.

Le façonnier ne saurait davantage faire des bénéfices avec le fabricant à raison de la concurrence qui l'oblige à consentir d'importants rabais s'élevant parfois jusqu'à 50 0/0. C'est

ainsi que les opérations d'apprêt d'une bague
qui, chez le fabricant, et par travail direct, re-
viendraient normalement à 25 francs seront
entreprises à façon pour 13 francs ou même
12 fr. 50.

Cet avilissement des prix de façon a sa répercussion naturelle sur le salaire de l'ouvrier. Elle
oblige, en outre, celui-ci à une énorme surproduction. Tel ouvrier qui, chez le fabricant, se
fera, en travaillant aux pièces, une journée
moyenne de 10 francs, n'atteindra, en produisant
beaucoup plus, que 7 francs chez le façonnier.

Le façonnier est également contraint, pour se
tirer d'affaire, d'employer un grand nombre
d'apprentis qu'il paie à un prix inférieur et qu'il
spécialise dans des besognes déterminées. Il
en résulte que ceux-ci n'apprennent pas leur
métier et qu'au sortir de l'atelier du fabricant,
7 apprentis sur 10 sont incapables de faire une
pièce entière.

On constate dans les travaux faits à façon des
malfaçons nombreuses portant généralement
sur la finition qui est imparfaite : le dessous des
pièces présente des trous irréguliers creusés à
la fraise, et dont le dessin n'est pas irréprochable. S'il s'agit de doublure, on peut signaler
une malfaçon plus caractéristique : la doublure
d'une pièce de joaillerie — partie de dessous

qui est en argent — doit nécessairement présenter une épaisseur variant de 6/10 à 8/10 de millimètre.

Pour économiser la matière, le façonnier se contente généralement d'une doublure de 2/10 de millimètre. Cette partie étant le soutien de la pièce, il en résulte que le bijou manque de solidité.

Il faut noter enfin l'insuffisance et la malpropreté des locaux des façonniers. Les travaux d'acides au lieu d'être faits, comme chez les fabricants, dans des pièces spéciales s'accomplissent dans l'atelier même, ce qui est préjudiciable à la santé des ouvriers. Cette constatation est commune à toutes les branches de la bijouterie.

La solvabilité des façonniers est générale.

II. Bijouterie doublé et argent. — Le travail à façon s'y exerce dans les conditions normales du travail par intermédiaire.

Le façonnier traite avec un fabricant pour l'exécution d'un travail déterminé. Il en reçoit la matière première, et, parfois même, les chalumeaux et soufflets ; dans ce cas, il ne fournit que l'atelier dans lequel il fait travailler, les outils manuels, pinces, porte-scies, étant la propriété de l'ouvrier.

La concurrence qui existe entre les façonniers
les amène à accepter des rabais considérables.
Une douzaine de bagues en simili dont la façon
reviendrait normalement chez le fabricant à
12 francs, sera marchandée au façonnier pour
8 francs, et exécutée chez lui pour 5 francs.

L'ouvrier du façonnier est ainsi astreint à
une forte surproduction pour arriver à un salaire raisonnable, et qui, en aucun cas, n'atteindra le salaire de l'ouvrier travaillant direc-
ment chez le fabricant.

Il convient également de noter que le bénéfice du façonnier provient en grande partie de
l'emploi de femmes et d'enfants qu'il spécialise
dans des opérations déterminées, consistant à
attacher les pièces détachées, à les paillonner,
à les cramponner, etc. Il ne reste plus à faire
pour l'ouvrier proprement dit que le travail de
soudure. Ces femmes et enfants ne gagnent
qu'un salaire minime : généralement 1 franc
par jour.

Par suite de la surproduction, les malfaçons
sont nombreuses. Elles résident surtout dans la
finition. Les soudures sont baveuses, tandis
qu'elles devraient être invisibles, la disposition
des différentes pièces est asymétrique, etc.

La plupart des façonniers sont solvables.

On peut citer, en ce qui concerne l'argent,

un cas extraordinaire d'avilissement du prix de façon. Il vise les bracelets en argent. Des bracelets dont la façon revenait autrefois à 18 francs chez le fabricant, sont faits aujourd'hui, chez le façonnier, pour 6 francs. Ils sont fabriqués presque exclusivement par des femmes et des enfants que l'on emploie même aux travaux de soudure. Une seule opération est faite par des ouvriers de métier à raison des difficultés particulières qu'elle comporte : le contournage des mailles.

On conçoit que, dans ces conditions, les malfaçons soient variées. La plus grave est celle qui concerne la soudure : pour mettre une soudure en fusion, l'ouvrier est obligé de la chauffer avec beaucoup de soin. Si un coup de flamme est donnée en trop, la maille est *grillée* ; elle se cassera beaucoup plus aisément.

Cet accident est fréquent chez les façonniers.

III. Bijouterie dorée, acier, deuil et petit bronze. — C'est la bijouterie de fantaisie. Le travail à façon y existe dans des proportions considérables. Il s'exerce dans les mêmes conditions que dans la catégorie précédente au point de vue de l'apport respectif du fabricant, du façonnier et de l'ouvrier.

On constate également un fort abaissement des prix de façon : une douzaine de broches

d'un prix normal de revient de 4 francs sera
marchandée au façonnier pour 3 francs, et exécutée chez lui pour 2 fr. 50 ou 2 fr. 75.

L'ouvrier est ainsi condamné à une forte surproduction. L'atelier du façonnier échappant à
l'inspection du travail, on fait souvent chez lui
jusqu'à quinze ou dix-sept heures de travail.

Les femmes et enfants sont employés en
nombre considérable. Les apprentis reçoivent
0 fr. 50 ou 0 fr. 75 par jour, au bout de la première année ; 1 fr. 50 au bout de trois ans. Ils
sont cantonnés dans des besognes déterminées, telle que l'apprêt des charbons, opération
spéciale à la bijouterie dorée, et autres besognes préliminaires. L'ouvrier proprement dit
n'a plus qu'à souder : il se transforme en sou-
deur. Tandis que chez le fabricant direct, ayant
à faire la pièce tout entière, il ne soudera guère
plus de trois heures, il devra, chez le façonnier,
souder pendant dix heures dans une journée de
treize ou quatorze heures. Cet abus peut provo-
quer de graves accidents de vision.

On constate, au point de vue de la finition,
les mêmes malfaçons que nous avons déjà ren-
contrées.

Un assez grand nombre de façonniers sont insolvables.

Il convient enfin, pour terminer ce chapitre,

de noter que l'existence des façonniers n'est pas non plus très enviable. Ils doivent, pour se tirer d'affaire, fournir personnellement un travail considérable ; ils sont perpétuellement dérangés dans leur besogne, et perdent un grand nombre d'heures à faire des courses et à attendre, chez le fabricant, le bon plaisir du patron ou du contremaître pour obtenir l'ouvrage.

Sertissage.

Le rôle de l'ouvrier sertisseur consiste à enchâsser la pierre dans le bijou. Le bijoutier fait le dessous de la pierre et lui donne sa forme : le sertisseur fait le dessus et sertit la pierre.

Le marchandage existe dans cette industrie dans de fortes proportions. On compte sur la place de Paris 150 façonniers inscrits auxquels il faut ajouter tous ceux qui, en grand nombre, ne sont point inscrits.

Le façonnier traite avec le fabricant pour le sertissage d'un certain nombre de pièces moyennant un prix déterminé. Il reçoit la matière première, c'est-à-dire le bijou et les pierres à sertir. Il fournit le local et les établis. Chaque ouvrier possède ses outils personnels : échoppes, vrilles, perloirs.

Par suite de la concurrence, le prix de main-d'œuvre est avili. Le sertissage d'un diamant, qui reviendrait chez le fabricant à 0 fr. 30 de façon, est marchandé au façonnier pour 0 fr. 25 et accompli chez ce dernier pour 0 fr. 20, parfois même 0 fr. 15 et 0 fr. 10.

Il s'ensuit qu'un bon ouvrier gagnant de 12 à 15 fr. par jour, chez le fabricant, ne se fera chez le façonnier que 8 ou 10 fr., et en produisant beaucoup plus.

Comme dans la bijouterie, le façonnier compte surtout sur l'emploi des apprentis. Un atelier moyen de façonnier compte une bonne main pour le finissage, 2 ou 3 petites mains et plusieurs apprentis.

L'apprentissage comprend 4 années. Les apprentis ne sont pas payés pendant les 2 premières années ; ils reçoivent 1 fr. par jour pendant les 2 dernières. Pour qu'ils rendent des services plus efficaces, le façonnier les spécialise. Il ne leur fera connaître, par exemple, que l'ajustage de la pierre, opération préliminaire consistant à faire les trous dans le bijou et à fixer la pierre ; il ne leur enseignera pas le finissage qui comprend toutes les opérations, plus compliquées, donnant le fini de l'ouvrage.

Il en résulte que l'apprenti qui n'a pas d'initiative propre n'est pas capable de trouver, par la suite, une place chez le fabricant direct où l'on exige des ouvriers complets, et qu'il doit rester chez le façonnier comme spécialiste de l'ajustage.

En cette qualité, il sera toujours considéré comme petite main, et ne touchera qu'un salaire inférieur : 4 à 6 fr. par jour.

Il faut ajouter, pour demeurer dans la vérité, qu'il existe quelques façonniers ayant une clientèle spéciale, ne faisant que des ouvrages de luxe, et employant des ouvriers d'une capacité exceptionnelle qui gagnent chez eux jusqu'à 15 et 18 francs par jour.

La plupart des façonniers se montrent d'ailleurs très exigeants au sujet de l'exécution du travail. M. Deville a cependant cité, devant le Conseil supérieur du travail, le « cas du sertisseur qui enchâsse les pierreries dans les bijoux et qui, lorsqu'il travaille chez un façonnier, néglige le côté solide de l'œuvre, dont il n'est pas responsable ; or, l'économie réalisée par le fabricant sur la main-d'œuvre se solde fréquemment par la perte d'une *pierre* valant cent fois plus que le prix de façon ; mais la perte est subie par l'acheteur. »

On peut encore citer deux autres traits particuliers à la profession, et qui ne sont pas à l'avantage du travail à façon.

Un grand nombre de façonniers *agiotent* sur les pierres, c'est-à-dire dérobent, dans un travail un peu important de brillants à sertir, certaines pierres qu'ils remplacent par d'autres leur appartenant, un peu moins belles ou moins fortes.

D'autre part, presque tous les façonniers *poussent au déchet*. Les déchets d'or, d'argent ou de platine, restent en effet leur propriété. Ils s'appliquent alors à creuser dans le bijou des trous un peu plus profonds qu'il ne conviendrait. Certains arrivent, à l'aide d'un foret spécial, à se procurer un demi-gramme d'or, dans une bague-jonc un peu forte.

La plupart des façonniers sont solvables.

Taille du diamant.

La taille du diamant comporte quatre opérations distinctes :

1° Le *clivage* qui consiste à fendre les pierres, soit pour leur donner une forme générale appropriée au bijou qui doit les recevoir, soit pour les purifier. En effet, lorsqu'une grosse pierre présente un défaut, il suffit au cliveur de la séparer en deux, à l'endroit même où le défaut existe, pour obtenir de la sorte deux pierres isolément pures.

2° Le *brutage*, qui consiste à ébaucher la pierre par le frottement du diamant contre le diamant, et à accentuer sa forme définitive.

3° Le *polissage* : c'est la taille proprement dite des facettes du diamant. Le polisseur a sous ses ordres un sertisseur dont le rôle est d'enchâsser la pierre dans une coquille formée de plomb et d'étain et qui permet au polisseur de la placer sur la meule de taille.

Le clivage se fait par travail direct : les autres opérations se font, moitié par travail direct, et moitié par marchandage à Paris, entièrement par marchandage en province, notamment dans le Jura.

Le marchandeur entreprend ces deux opérations, la matière lui étant remise toute clivée par le fabricant. Le marchandeur fournit l'atelier que généralement à Paris il loue à un entrepreneur de force motrice, et une partie du matériel. S'il fait travailler à la semaine, il fournira les outils tels que ciseaux, pinces et dopes. Il fournit également la poudre de diamant, résidu du brutage, et le *boord*, diamant de qualité inférieure destiné à user la pierre à tailler. S'il fait travailler à la tâche, c'est au contraire l'ouvrier qui fournit ses outils ainsi que la poudre et le boord que le marchandeur lui vend — presque toujours avec bénéfice.

Le marchandeur passe avec le fabricant un contrat à forfait basé sur le nombre de carats à tailler. Malgré la concurrence, il ne semble pas que le prix soit sensiblement inférieur au prix normal.

Les salaires de l'ouvrier ne sont pas non plus, à proprement parler, avilis *lorsque l'ouvrier travaille au temps*. Chez le marchandeur comme chez le patron, le polisseur gagne de 8 à 15 fr. par jour, avec une moyenne de 10 fr. ; le bruteur de 7 à 12 fr., moyenne 9 fr. ; le sertisseur gagne 12 fr. par semaine par chaque polisseur qu'il sert, et il en sert généralement 4.

Quant aux prix de façon, ils ne sont pas réduits sur le marché de Paris, grâce à la puissance du Syndicat des ouvriers diamantaires : en province, au contraire, ils sont réduits de 5 à 10 0/0, par suite de l'affaiblissement des Syndicats.

Comment, dans ces conditions, le marchandeur parisien arrive-t-il à réaliser un bénéfice ?

Par suite d'un procédé qui constitue une exploitation très particulière des ouvriers, et qui est inhérent au caractère spécial du travail de la taille. Le travail varie, en effet, du tout au tout, selon que les pierres sont plus ou moins pures. Un ouvrier qui façonnera 10 carats de

bonne matière en une semaine n'en façonnera
dans le même laps de temps que 1 carat et demi
si la matière est mauvaise. Encore devra-t-il
dépenser beaucoup plus d'efforts et d'habileté !

Le marchandeur divise, dès lors, ses ouvriers
en 2 catégories : ouvriers à la journée et à la
tâche.

Il donne exclusivement aux premiers le meilleur travail : ce sont les grosses pierres ou les
petites pierres très pures. Ces ouvriers, sévère-
ment surveillés, arrivent ainsi à une très forte
production : ils ne touchent cependant que le prix
normal de la journée, et ils sont en cela victime
d'une exploitation, car leur production, si elle
était payée à la tâche, leur rapporterait de 25
à 30 0/0 en plus.

Le marchandeur donne, d'autre part, exclusivement aux ouvriers à la tâche qu'il recrute
parmi les non-syndiqués, tout le mauvais travail.
Ces ouvriers sont, eux, très nettement exploités,
car ils n'arrivent jamais qu'à gagner un salaire
restreint, et en dépensant des efforts considérables.

Cette méthode de travail est inconnue chez
les fabricants directs où l'ensemble du travail,
bon et mauvais, est réparti indistinctement entre
tous les ouvriers à la journée et à la tâche.

On comprend, d'après ce que nous venons

d'exposer, que le surmenage soit considérable chez les marchandeurs. Il se traduit, chez leurs ouvriers, par une diminution de la vue. La plupart d'entre eux portent des lunettes et font usage de loupes. Chez certains, la faculté de vision est, à 40 ans, diminuée au point de les rendre inaptes à l'exercice de la profession.

Quant aux malfaçons, elles sont nombreuses, et résident principalement dans la finition. A première vue, le travail des marchandeurs est le même que celui des fabricants directs. Un examen attentif révèle toujours des imperfections. Les facettes présentent des rayures au lieu d'être parfaitement unies, les pierres sont moins rondes, les coupes moins géométriques ; les *tables* (grandes facettes du centre), les *culasses* (petites facettes du dessous) sont moins bien établies, etc.

Les cas d'insolvabilité des marchandeurs sont fréquents. Notons, pour finir, qu'en 1891, il s'est produit, dans le Jura, une réaction violente contre le marchandage qui a abouti à la création d'une coopérative de production. Cette société ouvrière comprend, aujourd'hui, cent cinquante membres. Elle achète les pierres brutes, les façonne et les revend.

Cordonnerie.

Deux sortes de fabrication sont à distinguer dans la cordonnerie : la fabrication des chaussures cousues à la machine, et celle des chaussures cousues à la main.

Il ne semble point que le marchandage existe dans le premier genre de fabrication où toutes les opérations, même celles du finissage, se font mécaniquement et dans l'usine du patron.

Il existe, au contraire, dans le *cousu-mains*, et il est pratiqué principalement par les maisons de commission qui fabriquent en gros ; un tiers de ces maisons environ s'adressent à des marchandeurs habitant la province, et notamment le Pas-de-Calais.

Le fabricant traite avec le marchandeur pour la confection d'un certain nombre de chaussures. Il lui envoie la matière première, c'est-à-dire le cuir et les formes en bois. Le marchandeur fait parfois travailler ses ouvriers chez lui et dans son atelier ; le plus souvent, il s'adresse à des ouvriers travaillant à domicile, et qui fournissent alors le fil pour coudre, la colle de pâte, la poix, les clous, etc. Il les paie aux pièces.

Le prix de façon, fondé sur la paire de chaussures, est *toujours avili*.

Une paire de bottines vendue par une maison de commission de 15 à 18 francs, reviendrait de 4 fr. 50 à 6 francs de façon faite, directement. Elle sera marchandée pour 3 fr. 75 et même 3 francs (frais de transport compris) et faite par l'ouvrier du marchandeur pour 3 fr. 25, 3 francs et même 2 fr. 75.

Cette réduction du prix des pièces entraîne naturellement une diminution du salaire des ouvriers qu'elles obligent en même temps à une forte surproduction.

Un ouvrier de capacité moyenne devra travailler quatorze heures par jour pour gagner de 5 à 6 francs à Paris, et de 3 fr. 50 à 4 francs en province. Il devrait, à production égale, gagner le double, si les pièces étaient payées au prix normal.

Le marchandage développe la spécialisation qui, dans le métier, va en croissant. L'ouvrier cordonnier proprement dit, apte à faire la pièce tout entière, est de plus en plus rare. Il est remplacé par des spécialistes, ouvriers de la tige, monteurs qui montent la chaussure, font les coutures intérieures, brochent la semelle, finisseurs qui montent les talons et terminent la chaussure.

Enfin il favorise les malfaçons. S'il s'agit de la couture, le marchandeur se contentera de faufiler, au lieu de coudre solidement.

S'il s'agit de montage, le marchandeur ne prendra pas le temps ni les précautions nécessaires pour monter la bottine. Les ailettes et le contrefort seront mal préparés, le cuir ne sera pas aminci régulièrement. Au lieu de l'étirer avec soin sur toute sa surface, le monteur montera la bottine par trois coups de pouce en longueur et en largeur.

Les marchandeurs sont généralement solvables.

Chapellerie.

Le marchandage n'existe pas pour la fabrication du chapeau de soie : il existe au contraire à un haut degré pour celle du chapeau de feutre et du chapeau de paille. On peut estimer que, dans ces deux genres, la moitié des maisons de chapellerie s'adressent à des sous-traitants.

Certaines maisons installent même, *en leur faisant l'avance du loyer*, des ouvriers en chambre qui sont de véritables marchandeurs, car elles passent avec eux un contrat de main-d'œuvre, et leur fournissent la matière première, feutre ou paille, les machines à coudre, les pédales à feu, etc.

Le marchandeur n'a plus à fournir que les fils, les aiguilles, et autres menus objets ; il embauche ensuite quelques ouvriers qu'il paie aux pièces.

Par suite de la concurrence existant entre les marchandeurs, ce système entraîne sur les prix de façon des rabais considérables qui ont leur répercussion sur le salaire des ouvriers.

On peut, à cet effet, dresser le tableau suivant :

Prix normal de revient chez le fabricant direct	Prix donné au sous-traitant	Prix donné à l'ouvrier
Chapeaux de feutre		
La douzaine. . . . . 9 fr.	7 fr. - 7 fr. 20	6 fr. 50 - 6 fr.
La pièce . · . . . . 1 fr.	0 fr. 70	$0^{fr},60 - 0^{fr},50$
(Tarif syndical)		
Chapeaux de paille		
La douzaine (maximum) 15 fr.	10 fr.	7 fr. 50
— (minimum) 9 fr.	6 fr.	5 fr.
La pièce. . 1 fr. 25 — 1 fr.	0 fr. 75	$0^{fr},55 - 0^{fr},50$
ARTICLES ORDINAIRES		
Feutre. . . . . . . 0 fr. 65	0 fr. 55	0 fr. 45
0 fr. 55	0 fr. 45	0 fr. 40
Paille . . . . 0 fr. 80	0 fr. 70	0 fr. 60
0 fr. 70	0 fr. 60	$0^{fr},50 - 0^{fr},45$

Pendant la morte-saison, ces rabais augmentent encore. Pour le chapeau de paille de la dernière catégorie, le prix de la pièce payé chez le marchandeur 0 fr. 50 et 0 fr. 45 tombe jusqu'à 0 fr. 30 et même 0 fr. 25. Les maisons de chapellerie profitent de cette circonstance pour faire à cette époque, qui va du mois de juin au mois de décembre, tous leurs emmagasinements, ce qui leur permet de n'employer pendant la saison, où elles doivent payer le tarif normal, qu'un personnel réduit.

L'avilissement des prix de façon provoque le surmenage de l'ouvrier. La Chambre syndicale des ouvriers de chapellerie a fait dresser des procès-verbaux de constat établissant qu'un grand nombre de marchandeurs font travailler la nuit.

Le travail exécuté chez les marchandeurs présente souvent des malfaçons relatives aux opérations de dressage, de pédalage, d'apprêtage et de couture. Les façonniers emploient en outre des rebuts de paille ou de feutre qui ne seraient pas tolérés chez le fabricant direct.

Il existe néanmoins certains façonniers ne travaillant que pour de bonnes maisons, et livrant toujours un travail très soigné. Ils ont de bons ouvriers qu'ils paient selon le tarif syndical.

Terminons en signalant que la Chambre syndicale des ouvriers de la chapellerie a réclamé l'abolition du marchandage avec l'appui de la Fédération des ouvriers chapeliers de France. Elle a pris, à la date du 17 février 1902, une décision aux termes de laquelle elle demandait d'une part la suppression du travail en chambre, et du marchandage, et excluait, d'autre part, de la Chambre tout ouvrier travaillant en chambre, comme portant préjudice aux intérêts de la corporation.

Teinturerie et dégraissage.

On trouve dans cette industrie un système qui, sans présenter les traits distinctifs du marchandage, constitue cependant une forme curieuse de travail par intermédiaire. C'est le système appelé dans la corporation *travail pour confrère*.

Il consiste en ce que certains petits patrons, au lieu de travailler, directement et exclusivement, pour les particuliers, reçoivent en outre de la besogne des mains des clients, et la donnent à faire à une usine, vis-à-vis de laquelle ils jouent en quelque sorte le rôle de dépositaires.

Ce système a pour conséquence d'avilir le prix des pièces dans une proportion de 25 0/0 environ par rapport au prix du travail fait directement pour le compte des particuliers.

Ces 25 0/0 représentent le bénéfice du dépositaire ; il n'est justifié par aucun travail proprement dit.

Il faut ajouter que ce système a une répercussion sur les conditions du travail dans l'usine travaillant pour confrères.

Le salaire de l'ouvrier y est avili. La moyenne de l'heure n'est que de 0 fr. 50 ou 0 fr. 55 au maximum, tandis qu'elle est de 0 fr. 65 chez le petit patron travaillant directement.

Il y a en outre surmenage de l'ouvrier, et spécialisation du travail, avec emploi excessif des apprentis.

Le travail est, en effet, divisé en spécialités : nettoyage de draps, de flanelles, nettoyage à sec, teinture en noir, en couleur, etc.

Chaque spécialité est conduite par un chef de poste qui a un traitement fixe, et qui reçoit souvent une prime supplémentaire s'il a accompli une certaine quantité d'ouvrage dans un temps déterminé. Il a ainsi un intérêt personnel à obtenir de chaque ouvrier son maximum de production.

Il y a actuellement, à Paris, une quarantaine d'usines travaillant pour confrères. Leur nombre tend à s'accroître sans cesse, et l'on peut prévoir une époque où les petits patrons, travaillant exclusivement pour le compte des particuliers, auront disparu.

Typographie.

La sous-entreprise de main-d'œuvre s'exerce pour la composition typographique de livres, journaux et labeurs de toutes sortes dans les conditions suivantes :

Le patron, entrepreneur principal, traite avec un metteur en pages pour la composition d'un travail déterminé. Il lui fournit les caractères d'imprimerie, le papier, et, généralement, le local.

Le metteur en pages embauche une équipe d'ouvriers qu'il paie aux pièces, selon le nombre de caractères composés.

Ce système, qui est extrêmement favorable au metteur en pages, est plutôt préjudiciable au patron qu'à l'ouvrier. Le patron traite, en effet, avec le metteur en pages par feuilles : feuilles de 8 pages, par exemple, s'il s'agit d'in-quarto. Mais le metteur en pages calcule son prix par *pages pleines*, de telle sorte que les *blancs*, les intervalles et les bouts de ligne lui sont comptés comme texte plein, et sont pour lui autant de profits, car il ne paie à ses ouvriers que les caractères réellement composés.

Son avantage est d'autant plus grand qu'il compose généralement lui-même le meilleur texte, c'est-à-dire les titres, chapitres, etc., et laisse à l'ouvrier le mauvais texte, c'est-à-dire le texte plein.

Le salaire de l'ouvrier n'est pas avili, car le metteur en pages paie selon le tarif syndical.

Le même système de sous-entreprise de main-d'œuvre fonctionne pour la composition des journaux qui ne sont pas faits en commandite. Le bénéfice du metteur en pages est alors considérable à raison des annonces qui lui sont quotidiennement payées, et qui, cependant, n'ont pas besoin d'être composées tous les jours.

On peut enfin signaler l'existence de quelques typographes à façon qui travaillent au rabais pour des impressions de commerce.

Ils emploient des ouvriers qu'ils paient à l'heure, selon le tarif normal, 0 fr. 65 au minimum, mais qu'ils astreignent à une forte production.

Imprimerie, lithographie?

Il existe dans la lithographie du travail à façon qui s'exerce dans les conditions suivantes :

Des commissionnaires, qui sont généralement des papetiers, donnent des commandes à des façonniers et leur fournissent des pierres ainsi que le papier. Le contrat ainsi passé est un contrat de main-d'œuvre, ce qui permet de voir dans cette forme de travail un véritable marchandage.

Elle engendre d'ailleurs les effets ordinaires du marchandage. Tout d'abord, les façonniers travaillent toujours au rabais, et ces rabais ont leur répercussion sur le salaire des ouvriers.

Le minimum de la journée de 10 heures, établi depuis 1881 entre les patrons et les Chambres syndicales ouvrières, est de 8 fr. Il représente chez les façonniers la grande moyenne obtenue par les meilleurs ouvriers pour les travaux difficiles, tandis que chez les imprimeurs directs cette grande moyenne s'élève à 10 fr.

Les ouvriers des façonniers sont astreints à une surproduction qui aboutit à des malfaçons. Leurs travaux sont exécutés rapidement et sans soins. Il arrive d'ailleurs que, lorsque les malfaçons sont trop nombreuses ou apparentes, les commissionnaires imposent au façonnier des réductions sur les prix convenus.

Les façonniers, étant toujours dépourvus d'avances, sont souvent insolvables. Les cas de perte de salaires sont fréquents.

Il existe cependant quelques façonniers travaillant pour de bonnes maisons de papeterie, qui ne livrent que de l'ouvrage irréprochable.

Ils ont un personnel d'élite touchant des salaires très élevés.

Jumellerie. — Fabrication des quarts de photographie.

Le marchandage existe dans cette industrie et y produit des effets très caractéristiques.

Une maison d'instruments en optique s'adresse à un façonnier pour l'exécution d'un certain nombre de quarts de photographie.

Elle lui fournit la matière première : tubes en cuivre, bagues de fonte. Le façonnier produit le local, l'étain pour les soudures, l'acide. L'ouvrier apporte ses outils manuels.

Le façonnier embauche une équipe qu'il paie, soit à l'heure, soit aux pièces.

Il traite avec l'entrepreneur principal *toujours au rabais*. Un quart de photographie dont le prix normal de revient, chez le fabricant direct, est de 3 francs sera cédé au façonnier pour 2 francs.

Le façonnier impose à son tour, à l'ouvrier, une nouvelle diminution de 1/3 sur le prix des pièces.

Un quart sera exécuté, chez lui, pour 1 fr. 70.

Ce système provoque ainsi un avilissement des salaires.

Quant aux ouvriers payés à l'heure, ils ne touchent, chez le façonnier, que 0 fr. 65, tandis qu'ils gagnent 0 fr. 80 chez le fabricant direct.

Quant aux ouvriers payés aux pièces — ce sont les plus nombreux — étant donné qu'un ouvrier doit compter normalement trois heures pour fabriquer un quart, l'heure de travail tombe ainsi à 0 fr. 55.

L'ouvrier doit donc, pour relever son salaire, s'astreindre à une surproduction considérable.

Le façonnier augmente d'ailleurs son bénéfice en employant le plus grand nombre possible d'apprentis qu'il spécialise dans des opérations préparatoires, telles que l'*ébarbage* des pièces, le polissage, le vernissage, le passage à l'acide — le gros œuvre étant la confection des pas de vis, le tournage des gorges et le montage de la crémaillère.

On constate généralement dans le travail des façonniers des malfaçons.

S'il s'agit de la crémaillère, l'ouvrier la montera le plus rapidement possible, sans chercher à atteindre toute la précision voulue. Il s'ensuit que la mise au point de l'appareil ne s'opère qu'après des tâtonnements trop nombreux.

En ce qui touche la rondelle du bouchon, elle doit être fixée par une soudure contenant 1/3 de plomb et 1/3 d'étain. Le façonnier, peu scrupuleux, mettra le moins d'étain possible. Le vice échappe au patron lors de la livraison : à l'usage, le plomb se brise, et la rondelle du bouchon se détache.

Le marchandage a, d'autre part, l'influence la plus fâcheuse sur le travail direct lui-même.

C'est ainsi qu'en 1897, une grève éclata dans une importante maison parisienne de jumellerie qui voulut imposer à son personnel une réduction de salaire injustifiée. La grève échoua, car la maison se débarrassa de son personnel, et confia ses travaux à des façonniers qui acceptèrent le travail aux prix refusés par les ouvriers.

Les façonniers sont très fréquemment insolvables. On compte environ 50 0/0 de maisons faisant travailler à façon. Dans l'industrie de la jumellerie, où il se présente avec les mêmes caractères, le marchandage est encore beaucoup plus répandu. On peut compter jusqu'à 80 0/0 maisons s'adressant à des façonniers.

B. *Métiers de femmes.*

Fleurs et feuillages artificiels.

La fabrication des fleurs et feuillages artificiels occupe plusieurs catégories d'ouvrières.

1° Les *ouvrières de la rose* qui ne font que la rose proprement dite.

2° Les *ouvrières dans le naturel*, qui font toutes les grosses fleurs autres que la rose : l'iris, l'orchidée, la boule de neige, le géranium, etc.

3° *Les ouvrières de la petite fleur*, qui font le myosotis, la violette, la pâquerette, etc.

4° *Les monteuses et feuillagistes*, qui font la tige, réunissent les boutons, montent la branche de feuillage.

Pour chacun de ces travaux, le travail à façon existe à l'aide d'entrepreneuses habitant Paris ou la province. Pour la rose, notamment, on peut compter une cinquantaine de maisons s'adressant à des entrepreneuses habitant Reims.

Elles traitent à forfait par *grosses* de fleurs, s'il s'agit d'un travail commun ; par douzaines, s'il s'agit d'un travail soigné. Elles reçoivent la matière première, pétales découpés, les fournitures et apprêts : tels que cœurs, aragnes, calices, etc.

Elles fournissent l'atelier dans lequel elles font travailler, et la gomme. L'ouvrière n'apporte que sa force de travail.

Bien qu'il n'y ait pas encore de tarifs syndicaux de pièces à raison de l'extrême variété des modèles et du travail, on peut affirmer que ce système avilit le prix normal des pièces dans une proportion de 50 0/0 au moins. Une douzaine de boutons de rose, dont le prix moyen de façon serait 3 fr., serait faite chez l'entrepreneuse pour 1 fr. 50, 1 fr. et même, chez certaines entrepreneuses, pour 0 fr. 80.

Il en résulte un avilissement considérable du salaire des ouvrières. Ce salaire diffère profondément, selon l'habileté de l'employée, selon la maison et selon le modèle. On peut cependant donner les chiffres suivants comme représentant une moyenne de salaires atteinte chez les fabricants directs.

Rosières : 3 fr., 3 fr. 50 pour 10 ou 12 heures de travail.

Ouvrières dans le naturel : 4 fr., 4 fr. 50 pour 10 ou 12 heures de travail.

Ouvrières dans la petite fleur : 3 fr., 3 fr. 25 pour 15 ou 17 heures de travail.

Feuillagistes : 3 fr., 3 fr. 25 pour 12 à 15 heures de travail.

Tous ces prix doivent être diminués d'un quart au moins chez l'entrepreneuse, et le salaire auquel on arrive, cette réduction faite, n'est gagné qu'avec un surmenage violent et continu.

Ce surmenage se manifeste dans un certain

nombre d'ateliers par une pratique singulière ; l'entrepreneuse force ses ouvrières à *jouter* : il faut entendre par là l'obligation pour l'ouvrière d'accomplir une quantité déterminée d'ouvrage dans l'espace de 5 minutes — ce laps de temps étant mesuré par un sablier. Après avoir jouté pendant une grande partie de la journée, l'ouvrière est totalement épuisée.

Observons, d'autre part, que les chiffres que nous citons ne représentent pas le salaire réel. Il faut, en effet, tenir compte de la morte-saison qui est de 6 mois environ pour la rose et la petite fleur, et qui peut être de beaucoup plus longue durée pour le naturel, qui dépend essentiellement de la mode.

On pouvait citer tout récemment encore, comme exemple d'extrême avilissement des prix, le cas d'une entrepreneuse de Belleville employant une vingtaine d'ouvrières. Toutes étaient spécialisées dans la fabrication d'une partie déterminée de la fleur. Elles ne se faisaient jamais plus de 15 fr. par semaine en veillant tous les jours. Le gauffrage d'une grosse de pétales était payé 0 fr. 35 et tous les autres prix étaient en proportion de celui-là. L'entrepreneuse, en revanche, recevait de la maison qui l'employait des appointements fixes s'élevant à 500 ou 600 fr. par mois.

Les entrepreneuses font un emploi excessif d'apprenties qu'elle spécialisent dans des opéra-tons déterminées. Les unes font des apprêts, c'est-à-dire le cœur de graine, les autres effilent les pétales, les collent, etc. Elles ne reçoivent jamais plus de 0 fr. 50 ou 0 fr. 75 par jour, quelle que soit leur production. Elles sont obligées, en outre, le plus souvent, de faire le ménage et les courses de l'entrepreneuse.

Enfin le travail à façon développe les malfa-façons. L'opération qui consiste à *bouler* le pétale, c'est-à-dire à le creuser sur un coussin de son avec une boule de fer chaud, opération délicate et qui demande une main exercée, est faite généralement chez l'entrepreneuse par les apprenties. Il en résulte que les pétales sont plissés.

Les cœurs de graine sont mal montés, de telle sorte que le calice ne s'y ajuste pas exac-tement. Ils sont ensuite mal fixés, de façon telle qu'ils se détachent, entraînant dans leur chute la fleur tout entière. La fleur *fait bonhomme.*

Les malfaçons sont encore plus nombreuses dans la petite fleur, et notamment dans la vio-lette. La fleur n'est pas collée convenablement, et comme le collage est l'opération essentielle, l'ouvrage est entièrement gâché.

La plupart des entrepreneuses sont solvables.

Plumes.

Des constatations analogues à celles que nous venons de faire pour la fabrication des fleurs et feuillages artificiels doivent être faites pour celle des plumes. Le travail à façon existe dans ce métier dans des proportions considérables, qu'il s'agisse de plumes d'autruche servant à la confection de boas et d'éventails, ou de plumes de fantaisie utilisées pour les piquets, les aigrettes, les ailes d'oiseau, etc.

La maison qui traite avec une entrepreneuse lui fournit la matière première. L'entrepreneuse fournit le charbon, la gutta-percha et le plus souvent un atelier.

Quant à l'ouvrière, lorsqu'elle travaille chez l'entrepreneuse, elle n'apporte que sa force de travail : si elle travaille à domicile, elle fournit la gutta que l'entrepreneuse lui vend, le plus souvent avec bénéfice.

Le travail à façon entraîne des rabais sur le prix moyen des pièces. Une douzaine d'aigrettes, d'un prix normal de revient de 3 francs, sera exécutée chez l'entrepreneuse pour 2 francs.

Il s'ensuit que les ouvrières ne reçoivent qu'un salaire avili, et sont astreintes à la surproduction. Tandis qu'une ouvrière de capacité moyenne peut gagner 3 francs ou 3 fr. 50 par travail direct, elle ne dépassera jamais 2 francs ou 2 fr. 25.

Les entrepreneuses emploient de nombreuses apprenties qui reçoivent 0 fr. 50 ou 1 franc au bout de la première année, et ne touchent jamais davantage, quelle que soit leur production.

Elles sont spécialisées dans des opérations préparatoires d'apprêt, opérations consistant à passer les plumes à la vapeur, à les lisser et à les découper.

L'entrepreneuse et ses ouvrières n'ont plus qu'à coller les plumes sur un carcan pour former l'aile, ou à crosser les plumes d'aigrette pour faire un panache.

Ce sont aussi les petites apprenties qui vont livrer. Il n'est pas rare de voir des fillettes de 12 à 15 ans, porter jusqu'à trois grosses boîtes posées l'une sur l'autre ; il arrive alors fréquemment que les plumes sont bousculées, fripées, et ont besoin de réparations.

Enfin, on remarque généralement des malfaçons dans les travaux des entrepreneuses. Les plumes sont mal collées : des taches de gutta traversent les plumes, etc.

Un assez grand nombre d'entrepreneuses sont insolvables.

Vêtements de femme et lingerie.

L'industrie des vêtements de femme et celle de la lingerie peuvent compter parmi celles où le marchandage engendre les abus les plus graves et les plus étendus.

Il a d'ailleurs fait l'objet d'un chapitre particulier dans une étude publiée, en 1898, par M. Ch. Benoist et intitulée : *Les ouvrières de l'aiguille à Paris*. Il a donné lieu, d'autre part, au mois de juillet 1901, devant la Commission départementale du travail de la Seine, à une intéressante discussion née d'un vœu présenté par Mlle Bouvard, membre de la Commission et tendant à la réglementation du marchandage.

Dans ces deux industries, le marchandage s'effectue à l'aide d'entrepreneuses.

En ce qui concerne les vêtements de femme, les entrepreneuses travaillent, soit pour les grands magasins, soit pour les maisons de confection ordinaires.

Les bonnes maisons de couture ainsi que les couturières à façon font presque toujours travailler directement.

Le rôle des entrepreneuses travaillant pour les grands magasins a été décrit par M. Worth, devant la Commission départementale, dans les termes suivants, qui sont ceux d'une note qui lui avait été remise par le directeur d'un grand magasin :

« En général, l'entrepreneuse est une ouvrière habile de son métier, douée d'un goût certain et de beaucoup d'expérience, et qui est parvenue à grouper autour d'elle un nombre plus ou moins grand d'autres ouvrières dont elle dirige et garantit le travail.

« Au début de chaque saison, non sans avoir fait des recherches et frais importants, elle crée plusieurs modèles et va les soumettre, les proposer à une maison de commerce. Ces modèles lui appartiennent ; elle peut soit les céder avec droit de reproduction, moyennant une somme fixée à forfait, soit, et c'est ce qui arrive le plus souvent, se réserver elle-même, à un prix débattu à l'avance entre elle et le commerçant, de les reproduire un nombre de fois indéterminé, variable selon la demande de la clientèle.

« L'entrepreneuse est aussi la personne qui s'engage à confectionner à un prix convenu, et d'après un modèle type fourni par la maison de commerce, les articles dits de « série » (1).

La note démontre ensuite que les grands magasins seraient dans l'impossibilité de se

(1) Compte-rendu de la séance de la Commission départementale du Travail du 26 juillet 1001, p. 7.

priver du concours des entrepreneuses et de faire travailler directement.

Nous retrouverons cette question plus tard. Il convient maintenant d'ajouter aux renseignements fournis quelques détails sur les relations qui existent entre les entrepreneuses et leurs ouvrières.

Les entrepreneuses qui travaillent pour le compte des grands magasins emploient des ouvrières qu'elles occupent dans leur propre atelier.

Elles les paient à la journée. Les salaires sont toujours extrêmement bas, et le surmenage est intense.

Seules les *mécaniciennes*, c'est-à-dire les ouvrières occupées à piquer à la machine, peuvent gagner 3 francs ou 3 fr. 50. Les petites mains touchent 0 fr. 75 ou 1 franc.

Quant aux ouvrières proprement dites, elles reçoivent, *en travaillant régulièrement 14 ou 15 heures tous les jours*, 1 fr. 25, 1 fr. 50, 1 fr. 75, jamais plus de 2 fr. ou 2 fr. 25.

Les entrepreneurs, cependant, ne sont point, comme il arrive si fréquemment, victimes de la concurrence, et ils reçoivent des grands magasins un prix de façon à peu près normal.

Quant aux entrepreneuses travaillant pour la confection ordinaire, ce sont celles qui, comme l'indique M. Ch. Benoist, prennent à façon des quantités considérables d'habillements de femme destinées aux commissionnaires du magasin, de troisième ou quatrième ordre : jupons de calicot, matinées de satinette, camisoles d'indienne, peignoirs de percaline pour la saison d'été ; flanelles, molleton et gros lainage pour l'hiver.

On observe alors presque toujours du marchandage à deux degrés. La première entrepreneuse cède sa commande — et c'est sa seule besogne — à une deuxième entrepreneuse qui fait accomplir les ouvrages par des ouvrières travaillant à domicile.

La condition de ces dernières est alors tout à fait misérable. Elles sont payées aux pièces, selon des prix infimes, et elles doivent s'astreindre à un surmenage mortel pour ne gagner qu'un salaire de famine.

La confection d'une douzaine de corsages ordinaires demandant 16 heures de travail sera payée 1 fr. 50, soit 0 fr. 12 environ le corsage.

Seuls les prix payés par les entrepreneuses de lingerie sont aussi bas.

Une chemisette de soie garnie de petits plis demandant une journée entière de travail sera payée 1 fr. 30 ou 1 fr. 25.

Une camisole plissée sera payée 0 fr. 25. L'ouvrière ne pourra pas en faire plus de 5 dans une journée de 14 ou 16 heures.

Il faut enfin noter que ces chiffres ne représentent pas le salaire réel des ouvrières, car on doit tenir compte du chômage qui, dans les mauvaises années, peut atteindre jusqu'à six mois : mars, avril et mai, juillet, août et septembre.

Il semble bien que l'avilissement extraordinaire des prix que nous venons de constater soit dû pour une part assez sérieuse à la concurrence exercée par les couvents qui, occupant des jeunes filles auxquelles on ne donne *aucune rémunération*, peuvent accepter le travail à n'importe quel prix.

En ce qui concerne les malfaçons, il n'y en a guère chez les entrepreneuses, car l'ouvrage est reçu chez elles tout découpé, et il n'y a plus qu'à assembler et à coudre les pièces.

Un grand nombre d'entrepreneuses, surtout principalement celles qui reçoivent le travail en seconde main, sont insolvables. Les ouvrières perdent inévitablement leur salaire, car elles ignorent presque toujours le nom de la première entrepreneuse.

CHAPITRE III

CONCLUSIONS

Les résultats que nous venons d'exposer, encore qu'ils ne portent pas sur un nombre suffisant d'industries pour constituer le dernier état de la science sur la question du marchandage, nous permettent cependant d'émettre une appréciation définitive sur cette forme de travail, et de voir combien l'hostilité persistante des ouvriers et les protestations qu'ils n'ont cessé d'élever contre elle sont justifiées.

Les faits viennent de nous démontrer que le marchandage, en vertu de sa constitution même, pour cette raison qu'il est un contrat de main-d'œuvre et que le marchandeur ne peut trouver son bénéfice ailleurs que dans le travail des ouvriers, entraîne le plus souvent l'avilissement, soit du salaire au temps, soit du prix des pièces, qu'il provoque *toujours et nécessairement* le surmenage de l'ouvrier, surmenage d'autant

plus violent que par exception le salaire n'est pas
avili, que le marchandeur est amené, chaque
fois que le genre d'industrie le lui permet, à
faire un emploi excessif d'apprentis qu'il spécialise au lieu d'en faire des ouvriers complets,
que la surproduction à laquelle l'ouvrier est con_
damné, favorise et développe les malfaçons,
qu'enfin les marchandeurs sont trop souvent
insolvables.

Ces conclusions diffèrent singulièrement des
jugements trop optimistes portés par les économistes qui se sont institués les défenseurs du
marchandage.

L'un des plus qualifiés d'entre eux, M. P.
Leroy-Beaulieu, écrit à ce sujet :

« *Comme procédé de sélection, le régime du
sous-contrat ou du marchandage est incompa-
rable. Il l'est aussi comme moyen de réaliser le
maximum d'économie dans toute l'organisation
d'une entreprise.*

« Cette décomposition méthodique d'une entreprise étendue en un certain nombre de sous-
entreprises est une des heureuses applications
de la division du travail. L'œil du maître s'est
ainsi, en quelque sorte, subdivisé et multiplié
au point d'être toujours présent dans chaque
groupe d'ouvriers, dans chaque équipe. Il en

résulte que le travail de ces équipes ou de ces groupes est beaucoup plus efficacement stimulé et surveillé, que l'emploi des matériaux et tous les détails de la tâche sont bien mieux contrôlés. *Le maximum d'efficacité technique est donc atteint par le système* » (1).

Ce sont là des affirmations purement théoriques émises par un auteur qui envisage le marchandage *a priori* tel qu'il devrait être, et qui néglige de le regarder tel qu'il est dans la réalité.

Nous ne sommes pas davantage touché par cette considération que le marchandage est, pour un certain nombre d'ouvriers, un moyen d'accession au patronat et il ne nous importe que médiocrement que « beaucoup de succès éblouissants et des grosses fortunes d'anciens ouvriers, dans les trois premiers quarts de ce siècle, aient eu cette origine » (2).

C'est là pour nous une compensation très insuffisante aux maux de toute nature que le marchandage engendre.

Comme le disait justement M. Millerand devant le Conseil supérieur du travail, « que des ouvriers, pour arriver au patronat, soient

______

(1) Paul Leroy-Beaulieu. — *Traité d'Econ. pol.* 2° édit., t. 1, p. 494. Cité par Th. Jay, *loc. cit.* p. 16.

(2) *Id.*

obligés d'exploiter leurs camarades de travail, cela me paraît dangereux à tous les points de vue, et si, pour que quelques ouvriers passent du salariat au patronat, il faut accepter comme un mal nécessaire que la masse des ouvriers soit exploitée, il n'y a pas intérêt ni pour là société industrielle, ni pour la bonne exécution des travaux, ni pour la situation morale de l'ouvrier à conserver un pareil état de choses » (1).

Est-ce à dire cependant que le marchandage pourrait sans inconvénient être supprimé ?

Il semble bien que oui pour la plupart des industries, et il nous paraît incontestable que, dans le plus grand nombre des cas, le marchandeur pourrait être remplacé par un contremaître.

Il en est ainsi tout d'abord pour les industries s'exerçant en chantier.

M. Thévenet exposait ainsi devant le Conseil supérieur du travail la besogne du tâcheron (2).

« Pourquoi l'entrepreneur général donne-t-il souvent des travaux à la tâche ? Par une raison toute naturelle, c'est qu'il ne peut pas surveiller lui-même tous les travaux de ses chantiers, et, ne pouvant être partout à la fois, il sous-traite une partie de ces travaux à un tâcheron. Le

(1) Cons. sup., 8ᵉ série, p. 46.
(2) *Id.*, p. 49.

tâcheron a donc un rôle actif et déterminé, celui de surveiller, d'organiser le chantier à la place de l'entrepreneur général lui-même. De là la nécessité pour le tâcheron de se tenir sur le chantier, de surveiller étroitement ses ouvriers, de faire acte de présence beaucoup plus que l'entrepreneur général. Le tâcheron, de même qu'il surveille le travail, en a l'organisation ; il peut disposer ses ouvriers d'une certaine façon ; il peut accommoder la main-d'œuvre au travail à effectuer d'une manière plus pratique ; il a toute compétence pour cela, puisque, étant lui-même un ancien ouvrier, il connaît les mesures à prendre pour obtenir une meilleure et plus économique exécution du travail. »

Les mêmes termes ne définiraient-ils pas avec autant d'exactitude et pour la meilleure exécution du travail les devoirs d'un *contremaître* consciencieux, actif et expérimenté ?

On ne voit pas non plus quelles difficultés particulières s'opposeraient au remplacement du travail à façon par le travail direct dirigé et surveillé par des contremaîtres dans les industries qui s'exercent en atelier, du moins pour celles qui n'exigent pas un personnel très nombreux. Aussi bien, et cela nous apparaît comme un argument sans réplique, la coexistence des deux modes de travail dans ces industries prouve-t-elle que le travail à façon n'est point une forme nécessaire.

La question est beaucoup plus délicate lorsqu'il s'agit d'industries occupant un nombre considérable d'employées, comme celles du vêtement.

Les difficultés que rencontrerait la suppression du travail à façon, fait par des entrepreneuses, ont été signalées dans une discussion récente qui a eu lieu sur le marchandage devant la Commission départementale de la Seine, par M. Worth, qui a lu à ses collègues une note rédigée par le directeur d'un grand magasin et dont nous extrayons les passages suivants :

« On comprendra facilement qu'il n'est pas possible de supprimer les entrepreneuses. Celles qui créent des modèles jouent, en quelque sorte, le rôle de fournisseurs, puisqu'elles fournissent réellement autant d'unités qu'il leur en est demandé, d'un objet qui est leur propriété exclusive. Celles qui mettent à la disposition d'un commerçant leur expérience et le travail de leurs ouvrières, sont également des intermédiaires indispensables dans l'industrie du vêtement et des objets confectionnés.

« A Paris surtout, on peut se rendre compte des difficultés de toute sorte que rencontrerait un commerçant qui n'occuperait que des ouvriers ou ouvrières travaillant isolément.

« D'abord pourrait-il connaître la valeur de chaque ouvrière avant plusieurs essais ?

« Le personnel chargé de la distribution de l'ouvrage, de la vérification, de la réception, de la tenue des livres d'inscription, du paiement et de la comptabilité devrait être en nombre proportionnel à la quantité des ouvrières occupées. Dans quel local, à Paris, où le loyer constitue déjà une lourde charge, pourrait-on recevoir cette foule innombrable de personnes se présentant aux mêmes heures pour venir chercher l'ouvrage ou le rapporter ? Et les ouvrières elles-mêmes consentiraient-elles à passer plusieurs heures dans l'attente de leur tour de réception ? Après une période de calme, il arrive encore fréquemment que le commerçant se trouve tout à coup dans l'obligation de faire rentrer, dans un délai très court, une quantité assez grande d'articles confectionnés. S'il est aisé de prévenir immédiatement une vingtaine d'entrepreneuses et de leur distribuer rapidement l'ouvrage, on ne voit pas comment on pourrait compter sur mille personnes qu'il faudrait aviser individuellement. Il existe, à Paris, certaines maisons qui font travailler, directement ou indirectement, jusqu'à vingt-cinq mille ouvrières.

« Et puis, il ne faut pas oublier que le commerce n'a rien de commun avec une administration dans laquelle le travail, du 1er janvier au 31 décembre, suit toujours une marche mé-thodique et réglée d'avance. (1) »

Ce sont là des arguments sérieux dont il est impossible de ne point tenir compte et qui suffiraient déjà pour nous faire hésiter devant une prohibition pure et simple du marchandage.

D'autres difficultés nous conduisent à rejeter délibérément cette solution radicale.

La proscription du marchandage pourrait résulter d'une jurisprudence nouvelle dans laquelle la Cour de cassation, après avoir rectifié son interprétation actuelle du décret de 1848, s'appliquerait à compléter, selon les exigences de la science économique, la définition insuffisante que les auteurs des décrets avaient donnée du marchandage. Elle pourrait aussi résulter — et ce serait plus simple — d'un nouveau texte de loi qui prohiberait le contrat de marchandage, après l'avoir défini avec toutes les précautions requises.

Or, sans tenir compte des affirmations émises sur la nécessité du marchandage dans certaines industries, et alors même que sa suppression serait possible et désirable, nous pensons que ce

____

(1) Compte-rendu de la séance de la Commission départementale du Travail du 26 juillet 1901, p. 8.

résultat ne serait point acquis par un texte législatif, condamné, selon nous, à rester lettremorte.

Il faut, en effet, se représenter tous les obstacles auxquels son application se heurterait dans la pratique.

En premier lieu, dans quelles conditions les poursuites interviendraient-elles ? Elles ne pourraient être intentées par les ouvriers travaillant chez les marchandeurs que dans les cas où ils ne récevraient qu'un salaire de famine ou plutôt seraient victimes de l'insolvabilité du tâcheron. En l'absence d'un préjudice personnel, ils seraient mal fondés à se plaindre d'une violation de la loi acceptée par eux et à laquelle ils auraient participé.

Sans doute, les Chambres syndicales seraient mieux placées et mieux qualifiées pour signaler au parquet les faits de marchandage parvenant à leur connaissance. Mais le feraient-elles en dehors des ouvriers intéressés, et ne craindraient-elles pas de priver ceux-ci de leur gagne-pain ?

L'initiative normale des poursuites devrait donc revenir au Ministère public, agissant d'office.

Or, sans parler du défaut de vigueur, qui est encore imputable au Parquet, lorsqu'il s'agit de délits relatifs au contrat de travail, il faut reconnaître que sa tâche serait malaisée.

En dehors des dénonciations ou plaintes, il ne pourrait être renseigné que par les inspecteurs du travail portant à sa connaissance les faits de marchandage par eux constatés.

La tâche de ceux-ci, assez simple pour les industries qui nécessitent des chantiers, serait plus difficile pour celles qui s'exercent en atelier et presque impossible (nous en aurons la preuve) pour celles qui s'exercent au domicile du marchandeur ou de l'ouvrier. Nous avons vu que les façonniers occupent généralement des locaux presque clandestins, situés au fond des cours ou dans les combles des immeubles. A la suite de quelles investigations ou de quelles inquisitions les inspecteurs du travail seraient-ils renseignés sur leurs agissements ?

Mais une difficulté plus grave viendrait encore s'élever contre l'application de la loi. Nous avons noté que, sous peine de ne point parvenir à une définition précise du marchandage, le législateur devrait se référer à ce que nous avons reconnu être le seul critère certain de son existence, c'est-à-dire au fait qu'il est un contrat de main-d'œuvre, et que le marchandeur reçoit de l'entrepreneur principal la matière première.

N'aurait-on pas à craindre dès lors que les intéressés ne recourussent à des combinaisons, les

plaçant hors de la définition posée par la loi, par
exemple à une vente fictive de matière première
faite par l'entrepreneur au marchandeur, et qui
permettrait à ce dernier de se présenter avec les
apparences d'un sous-traitant ordinaire, assu-
mant la charge des fournitures en même temps
que de la main-d'œuvre.

Pour toutes ces raisons, nous sommes amenés
à penser qu'une législation prohibant le marchandage serait frappée d'impuissance : nous
estimons qu'il est préférable de se placer à un
autre point de vue, et, plutôt que de s'attaquer
au mode de travail considéré en lui-même, de
chercher un remède aux maux qui le vicient.

Pourquoi le marchandage est-il condam-
nable ? Parce qu'il entraîne le plus souvent un
avilissement des salaires, toujours et nécessairement, un surmenage de l'ouvrier, — les malfaçons ne procédant elles-mêmes que de la sur
production, parce que, enfin, les marchandeurs
sont trop fréquemment insolvables.

I. — Pour protéger l'ouvrier contre l'insolvabilité des tâcherons, le Conseil supérieur a posé
le principe de la responsabilité de l'entrepreneur
principal que la jurisprudence civile déchar-
geait jusqu'ici de toute obligation envers l'ouvrier du tâcheron, et il a émis, en conséquence,
le vœu que les salaires d'ouvriers soient garan-

tis par l'entrepreneur, ce dernier devant être avisé par l'ouvrier en temps utile.

Nous nous rallions volontiers à ce vœu, mais en observant, avec certains membres du Conseil, qu'il ne résout pas toute la difficulté.

Lorsqu'il y a marchandage à plusieurs degrés, comme dans les travaux de lingerie, « les travaux, dit M. Thévenet, vont aboutir à des ouvrières travaillant chez elles dans leur chambre avec leur machine à coudre et qui sont complètement inconnues soit de l'entrepreneur principal, soit du premier tâcheron. Dans ce cas, il est assez difficile d'établir les responsabilités et de prévenir les abus ».

Inversement, remarque M. Poirrier, dans certaines industries telles que la bijouterie ou l'orfèvrerie, des façonniers prennent du travail chez plusieurs patrons à la fois. « Comment le patron saura-t-il que c'est tel ouvrier qui a fait tel travail ? » Nous ajouterons : comment l'ouvrier, au cas où il voudra mettre en jeu la responsabilité du patron, saura-t-il pour le compte de quel patron il aura travaillé, si, comme il est vraisemblable, le façonnier lui refuse ce renseignement ?

Il y a là une difficulté des plus graves dont la solution la meilleure — encore qu'elle ne soit qu'approximative — était peut-être fournie par le texte des propositions faites sur ce point par la Commission permanente et ainsi conçu :

« L'ouvrier employé par le sous-entrepreneur de main-d'œuvre aura la faculté de réclamer à l'entrepreneur principal le payement de ses salaires, sur la présentation d'un bon ou bordereau que le sous-traitant devra lui délivrer sur sa demande. L'ouvrier qui entendra user de cette faculté devra en aviser en temps utile l'entrepreneur principal. »

Nous proposerions d'ajouter : d'un bon ou bordereau que le sous-traitant devra lui délivrer sur sa demande, *en lui faisant connaître le nom et l'adresse de l'entrepreneur principal.*

Cette addition obvierait à l'ignorance dans laquelle les ouvriers à domicile pourraient être de l'identité de l'entrepreneur principal.

Quant au bordereau signé par le sous-traitant et contenant l'énonciation des travaux accomplis par l'ouvrier et celle des salaires gagnés par lui, il créerait le lien de droit entre l'entrepreneur principal, et serait le titre de l'obligation nouvelle mise à la charge du premier.

Encore n'y a-t-il là, venons-nous de dire, qu'une solution approximative.

M. Portailler signalait en ces termes l'objection pratique à laquelle se heurtait, selon lui, le texte de la Commission : « Quand un ouvrier dira au tâcheron : « Donnez-moi un bordereau pour que je puisse aller me faire payer chez le patron », c'est comme s'il lui disait : « Mettez-moi à la porte ».

Et M. Aubry ajoutait : « Je voudrais compléter la pensée de M. Portailler. Il arrive ce fait que des tâcherons partent sans donner leur adresse. Dans ces conditions, à qui pourrait-on réclamer un bon ou un bordereau ?... »

L'observation de M. Portailler et la question de M. Aubry restèrent sans réponse. Elles marquaient en effet des difficultés extrêmement graves, et auxquelles on n'aperçoit guère de solution absolument efficace.

II. —La protection de l'ouvrier contre le surmenage et contre l'avilissement des salaires procède exclusivement de la question plus générale de la réglementation de la durée du travail et du minimum légal de salaire.

Ces deux catégories de mesures : fixation de la journée de travail et détermination d'un salaire minimum soit au temps aux pièces, devront être appropriées aux exigences particulières de chaque genre d'industrie — ce qui suppose, tant pour leur élaboration que pour les revisions qui devenant nécessaires, le

concours régulier d'associations professionnelles.

Elles seront particulièrement indispensables
dans les industries qui s'exercent à domicile et
qui sont celles — nous l'avons vu — où le surmenage est le plus violent et où les salaires
sont le plus avilis.

C'est aussi dans ce domaine qu'il y aura le
plus de difficultés à préparer la loi nouvelle et
à en assurer le respect.

Ces difficultés en ce qui concerne la journée
de travail ont été aperçues par la Commission
départementale de la Seine, lorsqu'elle s'est oc-
cupée de la réglementation du marchandage, et
une discussion fort intéressante a eu lieu sur
les divers moyens propres à révéler à l'Inspection du travail les ateliers clandestins de façonniers ou d'entrepreneuses, pour que les inspecteurs pussent constater les infractions faites à
la législation actuelle sur la durée du travail.

La Sous-Commission, chargée de présenter
un rapport sur la question, avait tout d'abord
proposé de demander l'intervention de l'administration des finances pour faire connaître les
entrepreneuses. M. Besançon fit remarquer
devant la Commission que les entrepreneuses
ne figuraient pas toujours sur le rôle des
patentes, et que, vraisemblablement, un certain

nombre d'entrepreneuses échappaient aux con-trôleurs des contributions directes, aussi bien qu'à l'inspection du travail.

La Sous-Commission avait demandé, en deuxième lieu, que les propriétaires fussent tenus de dresser, tous les trimestres ou tous les semestres, un état signalétique des professions et commerces de leurs locataires et du nombre d'employés ou d'ouvriers qu'ils occupent.

M. Walckemaer répondit que les proprié-taires, selon lui, ne voudraient pas se faire les auxiliaires du fisc, leur intérêt n'étant pas de dénoncer leurs locataires, et que, d'autre part, en droit on ne pourrait ,pas les atteindre s'ils étaient réfractaires à la loi par défaut de décla-ration.

Finalement, sur la proposition de M. Malle-mont, la Commission départementale vota le vœu suivant qui ne démontre guère que l'im-possibilité où elle se trouvait de parvenir à une solution satisfaisante : (1)

« La Commission départementale émet le vœu :
« Que l'inspection du travail recherche, par tous les moyens à sa disposition, les ateliers d'entreprise non visités par elle, en se servant notamment des renseignements qui peuvent

(1) Compte-rendu de la séance du 27 sept. 1901, p. 11.

être donnés par les rôles des patentes et par les statistiques de recensement. »

De même, en ce qui touche le minimum légal de salaire, une des difficultés les plus graves auxquelles cette mesure se heurte provient de l'existence des *cotoyeurs,* c'est-à-dire des ouvriers travaillant à un prix inférieur au tarif fixé par l'Etat.

Aucun texte de loi ne suffirait pour briser leur action néfaste, à moins d'édicter des sanctions pénales qui seraient difficilement admises, et dont l'efficacité resterait d'ailleurs problématique.

Qu'est-ce à dire, et faut-il conclure que l'Etat demeure impuissant à fournir une solution heureuse à ces graves et urgentes questions?

En aucune manière. Il faut seulement reconnaître que si l'Etat, dans un intérêt de justice, et mû par le souci de la protection qui est due aux faibles, a le devoir absolu d'intervenir dans les rapports entre maîtres et ouvriers, son action ne sera efficace qu'autant qu'elle sera secondée par les associations professionnelles dont la tâche sera de préparer, au point de vue technique, les textes que le législateur aura à sanctionner, puis d'imposer, grâce à une forte discipline syndicale, le respect de ces textes à l'ensemble de la corporation.

Mais ce résultat, lui-même, suppose, au préalable, que les ouvriers auront compris la nécessité dans laquelle les placent les conditions de l'industrie moderne, de s'organiser en associations professionnelles, et de constituer des syndicats assez puissants pour exercer une souveraineté absolue dans le métier, faire respecter les lois protectrices du travail, passer des contrats collectifs et en assurer l'application.

Or, de ce point de vue, la situation des syndicats en France est loin d'être aussi satisfaisante qu'on pourrait l'espérer.

Nous ne nous étendrons pas plus longuement sur cette question dont un examen approfondi déborderait le cadre de notre étude.

Il suffit, pensons-nous, pour n'avoir pas fait œuvre vaine, que nous ayons fait apparaître, d'une part, que le marchandage est, à l'heure présente, une des plaies les plus vives et les étendues dont souffre l'industrie, que nous ayons démontré, d'autre part, que cette question ne comporte pas de remède spécial mais qu'elle commande seulement des mesures législatives d'intérêt général, mesures dont l'efficacité est liée à une forte organisation syndicale des ouvriers, et repose sur une combinaison intime des associations professionnelles et de la puissance publique.

Vu le Président,

RAOUL JAY.

Vu : le Doyen,

GLASSON.

Vu et permis d'imprimer :

Le Vice-Recteur de l'Académie de Paris,

LIARD.

BIBLIOGRAPHIE

Texte des conclusions du Ministère public et des rapports
devant la Cour de Cassation dans l'affaire Loup et Martin. Circulaires du Comité central des houillères de
France (rue de Châteaudun, 55), du 25 novembre 1899
et du 18 février 1901.

Note de M. Appleton sous l'arrêt de la Cour de Paris du
9 juillet 1897, D. 97, 2, 401.

Notes de M. Roux sous l'arrêt de la Cour de Cassation du
4 février 1898 (S. 1899, 1, 249), sous l'arrêt par défaut
de la Cour d'Orléans du 5 juillet 1898, S. 1899, 2, 201.

Indications de jurisprudence sur le marchandage, *Conseil
Supérieur du travail*, huitième session, p. 99 et suiv.

Interpellation de M. Trarieux au Sénat, 11 mars 1899,
J. Officiel du 12 mars 1889.

Interpellation de M. Renou à la Chambre des députés,
22 mai 1897, *J. Of.* du 23 mai 1897.

Voir en outre, *Journal officiel*, 18 mars 1896.

Moniteur Universel, janvier à mai 1848, p. 529 et suiv. ;
juin à septembre 1848, p. 2381 et suiv.

Cahen, *Louis Blanc et la Commission du Luxembourg*,
Annales de l'Ecole libre des Sciences politiques, 1897,
p. 187, 362, 432.

Mataja, *Décret sur la journée de travail en 1848*, Revue
d'Economie politique, p. 1255.

R. Jay, *Le marchandage et le décret du 2 mars 1848*, Revue d'Économie politique, février 1900.

Dalloz J. G., *Commerce et industrie*, n° 126. Suppléments : V. *Travail*, 121-123.

Thiers, *De la propriété*, chapitre vi.

Troplong, *Echange et louage*, n° 843.

Léon Say, Dictionnaire d'Economie politique, *Marchandage*, par G. Michel.

Levasseur, *Histoire des classes ouvrières de 1789 à nos jours*, Paris-Hachette, 1867, tome II, p. 214.

Le Saulnier, *Des ouvriers des usines et manufactures au point de vue juridique et économique*, Paris, 1888, p. 239.

Féraud-Giraud, *Législation concernant les ouvriers*, 1885, p. 163.

Cauwès, *Cours d'Economie politique*, t. II, n° 804.

Paul Leroy-Beaulieu, *Traité théor. et prat. d'Economie politique*, 2° éd. t. I, p. 494.

Molinari, *Bourse du travail*, chap. xix, p. 172.

Rendu, *Traité pratique de droit industriel*, p. 537, n° 1040.

Brodu, *Du marchandage*.

Hubert-Valleroux, *Le Contrat de travail*, p. 62 et 202.

Conseil Supérieur du travail, Compte rendu des séances de la 8° session (décembre 1898).

Commission départementale du travail, Compte rendu des séances des 29 juin 1900, 26 juillet 1901, 27 septembre 1901 (imprimerie Chaix, 5, rue de la Sainte-Chapelle).

Mazoyer, *Les conditions du travail dans les chantiers de la ville de Paris*, Giard et Brière, 1899.

Proposition de loi de M. P. Grousset déposée le 8 mars 1894, J. O., *Doc. parl.*, 1894, p. 358.

Proposition de loi de M. Vaillant déposée le 27 juin 1898 (*Doc. parl.*, n° 116, J. O., p. 1279).

TABLE DES MATIÈRES

FIN DE LA TABLE

Imprimerie BUSSIÈRE. — Saint-Amand (Cher).

9 782019 947347